東大はなぜ秋入学を目指したか

濱田純一
（前東大総長）

朝日新聞出版

まえがき

「止ムヲ得ス之ヲ四月ニ改ムル」

これは、東京大学が学年始めの時期を9月から4月に変更する3年前の1918（大正7）年に、当時の東京帝国大学総長であった山川健次郎が文部大臣にあてて出した上申書の一部である（寺崎昌男『プロムナード東京大学史』東京大学出版会　1992年）。この変更の経緯に考察を加えた寺崎氏は、「指摘しておきたいのは、四月始期制の採用――九月始期制の廃止――に際して、教育論・学習論は何の役割も果たさなかった、ということである」と記している。こうして、いまの4月入学は出発した。

新型コロナ禍で騒然としている2020年春、突然、「9月入学」という言葉が浮上して、驚かされた。驚かされたというのは、私が東京大学総長を務めていた時期に、2011年から数年にわたって取り組んだ課題だったからである。その折には、もっぱら「秋入学」「秋季入学」という言葉を使っていた。この検討は困難をきわめ、結局、秋入学への学事暦の移行は先送りとし、まずは、学生の海外留学にも融通が利きやすい4ターム（学期）制をはじめとする総合的な教育改革の方策をとって、学生の教育環境の改善を図ることとした。

それだけに、改めて「9月入学」の言葉に触れた時には、一瞬とまどった。新型コロナ禍による学校生活の遅れ、学びの遅れを解消するための一つの方策として、高校生たちからの思いのこもった提案であったことからか、少なからぬ賛同も得ていることを知った。また、知事たちもメッセージを出して、9月入学の応援に加わった。あの時に、「9月入学」が大きな社会的議論となったからこそ、人びとの意識の中に定着していたのかと、感慨深いものもあった。

ただ、本書で記しているように、9月入学への転換は大仕事である。すみやかな救済策としては間に合わないし、その直接的な効果も微妙である。高校生たちの思いは重々察しながらも、9月入学の問題と学びの救済とは区別すべきだというスタンスを、私はとった。そうした論調は少なからず見られ、結局、政治も9月入学案は見送ることになったが、この間の議論で印象的だったのは、救済策としては早急な9月入学論を否定しつつも、「一般的には9月入学に賛成だが」と述べる論者の多かったことである。いささか意外なほどだった。

そんなななかで、9月入学の意義がどれほど理解されているのだろうか、という懸念も感じた。9月入学への移行というのは、教育の基本的な枠組みや理念の問い直しにも至る大仕事である。社会の仕組みや価値観を変えていかなければならない大仕事である。そして、そうした変化があってこそ、9月入学への転換が、若者たちの明日に、そして日本という社会の未来にとって、重要な意味を持つはずだと考えていた。国際化のますますの進展のなかで、9月入学の問題は今後もまた浮上し、議論されることだろう。かつて9月入学への移行の企てにかかわった者の責任として、取り組みの過程やその際に考えていたことなどは、こうした機会にしっかりと伝え残しておくべきだと思った。そう考えてまとめたのがこの一冊である。

この本の中では、東大で秋入学構想を議論した折のさまざまな出来事に触れている。しかし、これをただの回顧録とするつもりはない。一つひとつの出来事には意味があり、今後9月入学の問題を論じていく際に参考となるだろう、さまざまな論点がそこで浮き彫りになっている。論点をどうとらえ、それらにどのような姿勢で向き合ったのかを、記述の中心に据えた。本書では、「9月入学」「秋入学」「秋季入学」という言葉が混在しているが、その時々の議論での用語に忠実に言葉を用いているだけで、同義と理解していただいてよい。秋入学に実際に取り組んだときの私の立場上、題材として主に取り上げているのは東大であり東大生である。しかし、ここで論じているテーマは、多くの高校生・大学生の現在と未来にかかわるものであり、それら若者すべてに対する応援のメッセージとして読んでいただければ幸いである。

たとえ方はよくないかもしれないが、9月入学というのは、日本社会の喉に刺さった小骨のようなものである。もちろん小骨とはまったく逆に、大きな夢のある話なのだが、日頃は忘れて日常を過ごすことができても何となく気になり続けるテーマ、そして時には痛みを感じて向き合わなければならないようなテーマ、これが9月入学、秋入学という構想だと改めて感じている。

ここで描いた多くの事柄は、すでに10年近く前の出来事である。記憶をたどったり当時の資料を参照したりしたが、及ばないところは、佐藤慎一氏、鈴木敏之氏ほか当時の同僚たちに教えを乞うたところも少なくない。記してお礼を申し上げる。もとより、文責が私にあることは言うまでもない。

佐藤氏は当時の教育担当理事であり、私の総長在任中の2014年に設置した東大の文書館の初代館長として、東大の歩みの跡づけを実証的に行ってこられた。歴史は過去のものではなく、現在と未来を生きる人びとの中に息づき続けるものであり、文書館がその要となることを願っている。また、鈴木氏は文部科学省からの出向で当時の副理事・経営支援担当部長だったが、本省を気にすることのない東大ファーストの仕事ぶりで、多方面にわたる作業の調整役として改革の質を高める上での貢献に大きなものがあった。氏には、本書の草稿に目を通してもらい、貴重な助言やコメントをいただいた。思えば、構想のスタートから改革を経て回顧のとりまとめまで、一貫してお世話になったことになる。その能力と誠実さへの敬意を込めつつ、労に感謝を申し上げたい。

東大における秋入学への移行の検討という大掛かりな取り組みに、その賛否にかかわらず真摯にかかわってくれた教職員や学生たち、とりわけ構想の骨格づくりという重責を懇談会座長として担っていただいた当時の学術企画担当理事の清水孝雄氏をはじめとする、関連諸会議の関係者の方々にも、改めて感謝しておきたい。こうした人びととの存在に、東大の大きな財産を見出す機会を得ることができたのは、私にとって貴重な経験だった。

秋入学構想は最終的に、総合的な教育改革という形での成果を見たものの、秋入学への移行はなし得なかった。しかし、最近の9月入学論議の再燃を見るにつけ、時代のコマを一歩前に進める上で意味のあるステップだったことは疑いない。歴史はこのように進んでいく。つねづね学生たちに語ってきた、「失敗を恐れずに挑戦を」ということの大切さが、少しでも若い人たちに伝われば、嬉しく思う。

東大はなぜ秋入学を目指したか――目次

装丁＝弾デザイン事務所
カバー・帯　写真＝iStock
図表＝谷口正孝

第1章

9月入学は何を目指すのか

臨時教育審議会での秋季入学の検討

いま9月入学というと、社会でそれなりにすんなりと理解されるようになったようだ。それには、10年近く前に、東大が秋入学に取り組んで大きな話題となったことも与《あずか》っているだろう。もっとも、9月入学というテーマをめぐっては、かなり以前から議論が行われてきた。

なかでも重要なのは、1984年に中曽根康弘内閣の時期に設置された、臨時教育審議会（会長は岡本道雄元京都大学総長）での秋季入学をめぐる検討である。この審議会は、内閣総理大臣の諮問機関として、「社会の変化及び文化の発展に対応する教育の実現の緊要性にかんがみ」（臨時教育審議会設置法第1条）設置されたものだが、詰め込み教育や受験競争の過熱化、あるいは校内暴力など教育環境の荒廃への対応といった、当時の事情が背景にあったと言われる。その幅広い視野を持った検討の中で、国際化という観点からも議論と提言が行われている。とくに「入学時期に関する委員会」（中山素平委員長）も設置され、そこでは、小中高大といった各学校種の秋季入学制への移行がテーマとなって、移行経費のシミュレーションも含めた詳細な検討がなされている。

委員の間に積極推進の意見も見られた一方で、PTAをはじめとして教育団体からは反対意見が強かったようであり、最終的に1987年に出された答申では、「今後の社会全体の変化を踏まえ、国民世論の動向に配慮しつつ、将来、我が国の学校教育を秋季入学制に移行すべく、関連する諸条件の整備に努めるべきである」という文言にまとめられている。いささか腰の引けた感もある提言であるが、将来の秋季入学制への移行をはっきりとうたっていることは注目すべきだろう。その際に、移行の利点としては、学校教育のサイクルの観点から見たときの合理性や学校運営上の利点、国際的に開かれた教育システム、家庭や地域社会における人間的交流や自然とのふれあいなど夏休み期間の有効な活用への期待、などが挙げられていた。

提言の内容を見ると、国民的合意の形成の必要性や各行政機関や学校における検討と準備の推進、財政負担の観点も含めた移行の方式等の検討など、具体的な推進方策についても言及しているところは、前向きの姿勢がうかがわれ、今日的な議論の基礎としても十分参照に値する。また、次のような文章が盛り込まれていることは、秋季入学への移行が、カレンダーの変更という形式的なものにとどまるのではなく、教育のあり方一般にかかわってくるものであることが明確に意識されているという点で、本書の思いにも通じるものがある。

「なお、4月入学制は、国民の社会生活上の習慣としても定着しており、秋季入学制に移行する場合は、教育界をはじめ広く国民が、我が国の教育全般の在り方について、改めて身近なところから現状を見直し、積極的に考えることが必要となるが、このことは、ひとりひとりが自分自身の問題として教育改革に取り組むことにつながるものと期待される。」（同審議会第4次答申第4章第2節）

これほど本格的な検討ではないものの、その後も、中央教育審議会や大学審議会、教育改革国民会議、あるいは教育再生会議といったように、さまざまな場で、主に国際化の観点から、大学・大学院に焦点をあてて、9月入学を促進するという考え方が表明されてきた。そして、こうしたたびたびの検討や提言を受けて、現行の法令では、学長の裁量によって9月入学を実施できることが、明確にされている。

これらの動きには、臨時教育審議会での検討が相応の影響を与えていたと見られるし、経済界をはじめとして、国際化に日本の教育がより積極的に向き合っていくべきだという社会の意識の強まりが、後押しをしていたと見るべきだろう。このような流れを背景にしつつ、大学が実際に秋入学に移行しようとした時に、そこで認められる意義や課題に本格的に向き合ったのが、東大での取り組みということになる。

こうした秋入学への移行の提言に共通するのは、海外の大学と学事暦を揃えることによって学生の行き来を容易にしようという考え方だが、ざっと欧米を見ると学年の始期は9月が多く一部に8月があり、また中国なども9月である。秋入学がほぼ9月入学と同視されることの多い所以《ゆえん》である。

9月入学にしたところで、留学する日本人学生や日本に来る留学生がすぐに増えるわけではない、という意見がある。それは自明のことである。「秋入学は打ち出の小槌《こづち》ではない」というのは、秋入学を議論していた折に私がよく用いた言葉だった。東大から留学しようとしている学生や東大への留学生に行ったアンケート調査を見ると、学事暦が外国と揃うことで行き来がスムーズになるメリットは確実に認められるものの、留学にあたっては言うまでもなく、その国にある大学の魅力、経済的条件などサポートの仕組み、留学が自分の将来にとって有利か不利かなどの要素が大きく影響する。

9月入学に移行するという意味は、学期が障害とならずに流動を容易にするという効果はもちろんとして、何より、学生の国際的な流動を促すためにさまざまな環境条件の整備を構造改革として行うことを、大学や社会が決意するという点にある。国際化にただアリバイ程度に取り組んだり、小規模に緩慢にすすめたりというのではなく、大学と社会が本格的にグローバルな荒波の中に乗り出す覚悟と態勢をつくるという意識改革が本質である。秋入学にしなくてもさまざまな手立てでひとまず国際化への対応は出来るというのは、よく聞く議論である。しかし、それではグローバル化の動きの速さに立ち遅れてしまうという危機感を背景に、大規模にスピード感を持って一気に国際化に向けた態勢と意識を整えようというのが、秋入学構想の眼目だった。

秋入学に学事暦を変更しただけで口を開けて待っていても、さほどの効果が生まれるわけではない。かつて臨時教育審議会の答申が適切にも指摘していたように、秋入学は、「教育界をはじめ広く国民が、我が国の教育全般の在り方について、改めて身近なところから現状を見直し、積極的に考える」きっかけなのである。その意味で、秋入学は国際化の到達点ではなく、むしろ出発点と言うべきだろう。

大学の9月入学論

9月入学について、世間での賛否は分かれている。また、9月入学を、幼稚園・小学校から大学に至る各学校種における問題としてとらえるか、あるいは大学レベルのみにおける移行ととらえるかで、賛否やその理由も異なってくるのは当然である。

全学校種における9月入学への移行が話題となった最近の世論調査の結果を見ると、2020年5月頃の調査で、日本経済新聞社の調査では賛成56%・反対32%、読売新聞調査で賛成54%・反対34%、NHK調査で賛成41%・反対37%、また神戸新聞調査では賛成56%・反対17%という大きな差が出ている。予想以上に賛成論が多いという印象を受ける。2001年に内閣府が、秋季入学導入について世論調査を行った結果があるが、この時は、賛成が37%・反対が46%といった数字であった。

こうした違いは、2020年の9月入学論のきっかけとなった高校生たちの、「失った学校生活を取り戻したい」という切実な思いに、世論が敏感に反応した結果かもしれない。その後、各学校種への9月入学の導入は、未就学児童へのしわ寄せや待機児童の問題、大規模な教員不足の可能性、さらには移行コストの膨大さなどの理由で困難と考えられるようになり、9月入学よりもまずは速やかな救済策の検討という方向に議論は移っていったので、この賛成数はその後、減少しているかもしれない。また、大学に限定した9月入学への賛否は、定かではない。

ただ、これらの調査結果が示す重要なポイントは、9月入学という考え方に対する社会の雰囲気が、少なくとも20年前と比べても、ずいぶん変わってきている状況である。すなわち、9月入学というのが縁遠いものではなく、これからの日本社会において「採り得る選択肢」であるという意識が広がってきているということである。9月入学をめぐって変わりつつある世論への真剣な向き合い方としては、この問題を一過性のものとして取り扱うのではなく、法改正を含めた制度的な整備の可能性や移行コストの合理的な計算（苅谷剛彦氏による実証的な推計・朝日新聞　2020年6月4日朝刊を参照）などはもとより、そもそもの子どもの育て方、学びのあり方、社会のあり方、人びとの生き方すべてを含めて、幅広い議論を腰を据えて行っていくことが求められるだろう。何をどういう観点から議論していくことが必要かということについては、本書でおいおい説明していくことにしたい。

賛成反対は数だけの問題ではない。賛成が多いから9月入学へという数の論理ではなく、賛成の立場からも、反対論は改革を進めていく際の物事の進め方や、留意し、あるいは解決していくべき事柄を明らかにする上で、有用な意味を持つことが少なくない。他方、これまでの社会の仕組みや私たちが慣れ親しんだ思考を変えようとする取り組みに対しては、反対論を立てようとすればいくらでも立てることが出来るのは世の常でもある。それはつまり、反対論の性格によっては、社会の変化は永遠に起こらないということにもなりかねないだろう。しばしば反対論は目前の具体的な負担を語り、賛成論は必ずしも目前ではない将来の予測も含めた効用を語るのが通例であり、議論として噛み合わない場合も少なくない。そうなると、反対論への向き合い方には、コストなどの問題の解決だけではなく、最終的には、想定されるコストを払っても変えるだけの価値があるという、9月入学に対する深い理解と強い期待が、社会に共有されていくことが不可欠である。

いずれにしても、このように9月入学についての議論を深めていくときに、すべての学校種にわたる9月入学論なのか、それとも大学だけの9月入学論なのか、趣旨を明確にしておくことは必要である。それによって、移行に要する社会的なコストや検討の観点が大きく違ってくるのは言うまでもないし、そもそも両者の間には、移行の理念の部分から違いがある。

たしかに、国際化という観点は両者に共通するが、言うまでもなく、国際化に対するニーズや国際化のメリットは、大学の方がかなり具体的で目に見えやすい。高校でも国際化の動きが徐々に進みつつあるが、概して小中高なども含めた国際化の意義はむしろ、日本という国の仕組み全体を国際標準に持っていく取り組みの一環という位置づけに近い。先の臨時教育審議会答申の言葉を借りれば、「我が国の国際的地位や責任が高まり、いまだかつて経験したことのない国際社会における相互依存関係の深まりのなかで、教育の面でも、制度や考え方で国際的に共通にできるものは、できるだけ国際社会に合わせていくことが重要である」という感覚である。

もっとも、改めて考えてみれば、こうした今日でも当たり前に通用しそうな言葉は、すでに40年近くも前の答申に記されているのである。答申に先見の明があったというよりは、経済分野の「失われた10年」が20年になり30年になってきているのと同じように、教育も同じ轍《てつ》を踏んできているのではないかという感は拭えない。

ちょうど東大で秋入学移行を議論していた頃、タイの大学を訪れたことがある。その際に入学時期を8月頃に移行する動きがあると聞いた。これはＡＳＥＡＮ諸国の大学間で学年の始期を揃え、国境を超えた学生の流動性を高める狙いがあるということだった。実際、5年ほど前にタイやフィリピンの大学も学事暦の変更を行い、ＡＳＥＡＮ諸国の多くの大学で学年の始期は8～9月となってきている。日本の大学のガラパゴス化は強まる一方と言うべきだろう。

そして、この間に、9月入学への移行を実施するためのコストは、ますます大きくなっている。各学校種移行については、慎重論において指摘されるような課題を考えると、幼児教育の開始時期といった本質的な問題も含めて、ある程度、時間をかけた取り組みが必要だろう。ただ、大学の場合には、とりわけ国際的な競争を意識して卓越した教育研究を目指している大学は、すみやかに秋入学に移行する態勢に入るべきだと考えるし、そこでの取り組みは、中期的に見れば、すべての学校種移行への地均《じなら》しのための先駆けをする役割を担うことにもなるはずである。

ちなみに、当時の東大執行部の中でも、すべての学校種の秋入学への移行が望ましいという意見があった。すぐ前にも触れたように、国際社会における相互依存関係の不可逆的な深まりを冷静に踏まえれば、そうした発想も自然なものとして理解できる。ただ、その実現のためには、2020年の9月入学論議で改めて明らかになったように、相当の時間やコストを要し、東大が独自に取り組む課題としてはさすがに大きすぎると判断される一方、東大としての国際化や教育改革は待ったなしの急務であった。さらに、議論の深まりに伴い、高大間のギャップを積極的にとらえようという考え方も出てくるなか、すべての学校種の移行という考え方は後景に退いたという状況があった。

構造改革・意識改革としての秋入学構想

9月入学という話題に触れるとき、一つ重要な確認をしておかなければならない。それは、9月入学への移行というのは、学年や学期の開始時期というカレンダーの変更だけに留まる話ではないということである。別の言い方をすれば、9月入学への移行は、カレンダーの変更だけに留まっては、わざわざ取り組む意味が限定される、ということでもある。意味が限定されるという以上に、高いコストを払うデメリットの方が大きくなる可能性もある。

9月入学は、入学時期を春から秋に変更すればそれで済む、という学事暦だけの話ではない。具体的な教育面だけでも、入試の際の選抜の仕組みや評価基準の見直し、学びの質の転換を意識した高大接続のあり方や授業方法の再検討、修学期間の柔軟化、人生における余裕や多様な経験を大切にすることの再認識など、さまざまな仕組みや価値観に転換を迫るものとなるだろう。そもそも人の育て方全般にわたる変化をもたらすものと言ってよい。

また、社会的に見れば、就職の時期や国家試験などさまざまなイベントのスケジュール感に影響を及ぼすだけでなく、働き方、社会的な行動の基準となる価値観、人びとの生き方などに影響を及ぼすことになるだろう。そして、そうした変化が、人びとの多様な能力を花開かせるとともに、日本の新しい時代の活力の基盤となっていく。つまり、9月入学への転換は、これまでの教育のあり方はもちろん、社会のあり方、人の生き方にまで問い直しを迫る流れを生み出す、構造改革・意識改革という性格を持っている。

だからこそ、9月入学への移行は大仕事なのである。たしかに、4月から9月に入学時期を変更するためには、さまざまな人的、時間的、あるいは経済的などの、大きなコストの問題を解決していかなければならない。ただ、コストの問題というのは、本気になれば相当程度に合理的な解決方法を探ることが可能なものである。しかし、教育のあり方、社会の価値観、人びとの生き方といったテーマは、たんに合理性だけの問題ではなく、社会の慣れ親しんだ仕組みや人びとの心の奥に根付いた意識にかかわってくる。その仕組みと意識を思い切って変えていこうということが射程にあるからこそ、9月入学は大仕事であり、また取り組む価値がある。

また、だからこそ、9月入学の導入には、単なる思い付きではない、教育や社会の未来を担おうとする覚悟が要る。そもそも、変えていくことが正しい決断であるのかどうか、そのことを繰り返し問い直すことが求められるだろう。教育や社会のあり方についての判断が100%正しいかどうか、また、その正しさの基準が何なのか、多くのテーマについてその判断が容易でないことは、歴史の教えるところである。しかし、その難しさの前でつねに停止していては、人間や社会の成長はなかっただろうことも、歴史から学ぶところである。見通しを語るにあたっては、合理的な思考やリスクヘッジ的な配慮はもとより、何より教育や社会の未来に対する強い責任意識が求められる。しかも、教育や社会の望ましい変化は、通常はすぐにもたらされるわけではないから、忍耐と持続的な取り組みが求められる。そして、これらは、学校関係者だけでなく、社会全体、国民全体に求められるものでもある。臨時教育審議会答申から先に引用した箇所にあるように、9月入学をめぐる議論が、「ひとりひとりが自分自身の問題として教育改革に取り組むことにつながる」という指摘は、実に重いと言うべきだろう。

いまの9月入学論議では、導入のコスト、新たな負担の問題が正面に出がちである。そうした事柄に冷静な見通しが必要であることはもちろんとして、教育や社会の変化を生み出そうとする覚悟と持続的な努力ということについて、私たち自身が責任をとことん持とうとしているということが、議論を前にすすめていくための不可欠の要件だと考えている。

多様性や現実との出会い

9月入学の目的は、と問われると、多くの人は国際化だと答えるだろう。たしかに、国際水準に合わせようとするわけだから、そうした答えが出てくるのは正しい。ただ、その国際化ということの意味については、少し深掘りして確認しておく必要がある。

国際化とは英語化だとシンプルに受け止める向きもあるだろう。「共通語」である英語を、学生たちがもっと自由に使いこなせることに対する期待、と言っていいかもしれない。いまの時代、英語を使えなければだめだという素朴な感覚、あるいは海外への素朴な憧れも背景にあるかもしれない。

ここで、「グローバル人材の育成」という、俗に馴染んだ言葉を思い起こすことも自然である。このグローバル人材というのも定義がはっきりしない言葉だが、グローバル経済というものと結びついて、海外で外国人ともしっかりコミュニケーションができて、仕事に活躍できる人材といったところだろうか。そう言えば、当時、私が「グローバル」という価値を強調したことに対して、それは経済分野の用語なのではないかという疑問を、何度か聞いたことを思い出す。

言うまでもなく、教育分野における国際化という議論、あるいはグローバルという言葉のニュアンスは、そのように狭く受け止められるべきではない。それらの根源的な意味は、一言で言えば、多様性との出会いということにある。つまり、自分のこれまでの生活とは異質な、さまざまな人びとや事象との出会いを通じて、自分の中にある可能性をさらに伸ばし、自分自身を知的にも精神的にも豊かにしていくこと、そして、それによって社会により創造的な貢献ができるようになるということが、多様性との出会いの意義だが、そうした多様性の幅をもっとも広げるものが、国際化、グローバル化という契機である。つまり、9月入学の本質は、多様なものとの生き生きとした出会いの仕組みをつくるということにあると言ってよい。

多様性というのは、頭だけで理解できるものではない。むしろ、生身での交流や体験を通じて、肌感覚で多様なもの、異質なものに触れあうことにこそ、多様性の意味がある。机の上で学ぶことによって、多様性を含みこんだ知識を獲得することも重要だが、そこでは、多様性に出会って、悩み、失敗し、乗り越えようと努力をするという契機が乏しい。とくに少なからぬ大学新入生は、小さい時から受験生として狭い世界で生きてきたことが一般的だから、そこから飛び出して、自分とは違った生身の存在に向き合う機会を持てば必ず成長するし、それが逞しさや思いやりを養うきっかけとなるだろう。感動したり、あるいは困惑したり悩みながらも、いろいろなものを受け入れたり、どうやって一緒にやっていくかを真剣に考えたりする。それは試行錯誤の連続であって、失敗は許されない受験生の作法とはまったく違うところでの経験をすることになるが、それによって、これから社会でさらに成長していく糧が培われる。こうした試行錯誤を肌感覚を持ちながら真剣に行える場としては、多様性にあふれた海外ほど適切なところはない。

多様なものへの向き合い方というのは、日本社会が苦手としてきたところかもしれない。同調圧力といった言葉もあるように、自分が持っているはずの、あるいは自分が関心を持っているはずの多様な可能性に目をつぶっておく方が安全で安心だという感覚も、伝統的に根強かっただろう。だからこそ、グローバル化の大きな荒波を受けているいまの日本社会で、多様性というものを意識的に強調する意味があるし、また、だからこそ、学生たちが多様性に触れあって成長できる伸びしろも大きいと見るべきだ。

実際、日本社会もいまは、多様性の価値を認める方向に緩やかではあるが変わってきている。まだなお課題は多いものの、女性の社会的活躍や外国人に対する積極的な向き合い方はもとより、ＬＧＢＴ（セクシャルマイノリティ）に対する理解の深まりや障碍者の社会進出など、時代は変わりつつある。これは、もちろん当事者の人権ということが原点であるが、同時に、そうした人たちの存在によりポジティブになることによって、ほかの人も成長する機会を持つことができる。また、多様性をより幅広く受け止めることによって、社会そのものがさらに豊かに変化にも柔軟になっていく。

多様性を備えることによって人も社会も、しなやかな逞しさと豊かさを持つことができるというテーマは、生物多様性の話題と共通する。生物多様性というのは、多様な生物種と豊かな生態系がバランスを保ちながら生息することだが、それが人類社会のサステイナビリティ（持続可能性）、人類の存続の基盤であると考えられている。そうした大きな自然界のレベルであれ、社会のレベルであれ、また個人のレベルであれ、その基本原理は同じだと思う。だからこそ、近年、多様性、ダイバーシティの価値についての評価が高まっているのだろう。そこに学生たちの学びが関係しないわけがない。

なぜ東大が動くのか

東大の秋入学構想は、政治など外部からの働きかけを受けたものではなく、大学が主体的に自分の選択で取り組もうとしている、ということが第一歩だった。秋入学にしようとすれば当然、リスクも負うし、負担も増えるが、それによって得られる学生への教育効果などの方が長い目で見れば、はるかに大きい。それに取り組むことは教育に携わる者の責任であるという判断をした。

東大の場合、さいわいなことに、リスクを負っても大きな成果を得るためにチャレンジできる経営的な体力がある。もちろん、経済的な負担、仕事の負担などで大学も教職員も厳しい環境に置かれているが、日本の数多くの大学の中で、やはりもっとも恵まれている立場にある大学の一つであることは間違いない。「タフな東大生」という言葉には後に触れようと思うが、グローバル化による教育効果というのは、単に海外の知識を得るというだけでなく、多様な経験を通じて知的な能力を鍛え、それを社会で実際に生かせる力強さを身に付けられる、とてもよい機会を生み出す。そういうタフさを培う経験を、リスクを冒してでもするのが東大の学生であり、それを支えるのが東大の教職員の役割だと考えていた。

もっとも、一般の教職員がどう思っているか、意見は分かれるかもしれない。日々膨れ上がる仕事の負担で、そんな格好のいいことを言っている余裕はないというのが、本音かもしれない。しかし、あえて言えば、東大に在職しているというだけで社会から高い評価も受ける人たちであり、「エリート」と社会的に期待される者がリスクを冒す役割を果たすのは当然だと思う。後に触れる、「世界的視野をもった市民的エリート」（東京大学憲章）として育つことを期待されている学生も、同様である。

秋入学構想を提案した時点で実現できると思っていたか、という質問を受けることがある。率直なところ、任期も考えれば、実現できる確率はフィフティ・フィフティと思っていた。実現できる可能性の方が高いとは思っていなかったが、出来ないとも思っていなかった。学生たちに「これまでの仕組みを当たり前と思うな」「失敗を恐れずチャレンジを」と言ってきている総長としては、ここは前に出るべきだと判断した。東大のような大学なら当面のコストを払ってでも、次の時代の第一歩をつくれる立場にあるだろう。教育研究を通じて日本のグローバル化を先導・牽引していく大きな社会的責任があると考えていた。

また、秋入学構想に取り組み始めた頃、東大が国際化に力を入れるのは世界大学ランキングで順位をあげるためではないか、という質問を受けたことがある。その後も、東大の構想を評する論者の中には、そうした見立てを述べる人もいた。端的に答えれば、それは的外れである。たしかに、世界大学ランキングの評価項目の中で国際性については、東大を含めて日本の大学は、海外勢と比べてかなり低いポイントしか得ておらず、それが総合得点での順位を引き下げている面はある。また、毎年公表されるランキングの順位というのは、総長としてまったく気にならないといえば嘘になる。とくに、海外からの留学生が、このランキングを参考に志望校を決めるという噂話も聞くと、なおさら無視はできない。ただ、外国人留学生の数や外国人教員の数をむやみに増やして、大学評価の国際性のポイントを稼ごうとすることは、日本の大学として望ましいこととは思えない。

そもそも、秋入学構想は、東大の国際化の推進にあたって、留学生受け入れの拡大もさりながら、むしろ、多くを占める日本人学生を海外に送り出すということをより重視した設計である。残念ながら、こうした目標に向けた、日本人学生にとって大きな意味があるはずの努力は、ランキングの評価項目では正当な評価を受けることは難しいだろう。さまざまな世界大学ランキングについては、一般に、各国の政策や教育制度、言語環境などを十分に考慮せず一部の要素によって評価項目が設定されており、大学全体の活動を適切に評価する上では完全な評価手法により実施されているとは言い難いところがある。東大の学術運営にしばしば助言をしてくれていたアメリカの優れた女性研究者が、「あれは美人コンテストのようなもの」と評していたことは、印象的だった。

総長時代に、東大内の卓越した研究成果を持つ教員たちに集まってもらい、大学の学術企画や全学的な学術研究支援のあり方を中長期的な視点から検討してもらったことがある。そのワーキンググループの報告書の一節に、今後の東京大学の国際化のあり方に関して、「指標の増大を図る国際化」を超えて「質的な国際化」をすすめるべきであると記されている。その趣旨は、「百数十年に及んで培ってきた独自の文化としての学術を基に、世界の学術に貢献していくという視点が重要」であり、「作られた物差しに合わせて発展するのではなく、自らの存立基盤に立脚しながら、世界と連携し、世界標準となる物差しを創っていくこと」こそが真のグローバル化の実現に貢献する、というものだった。その心意気に同感である。こうした考え方が日本社会に広く定着していくことを願いたい。

第2章

秋入学構想のプレリュード

総長の入学式式辞

9月入学の目的は国際化だと一般的に言われる。ただ、この国際化という理念はいかにもあいまいである。いま少し立ち入って内実をしっかり確認しておかないと、わざわざ大きな変革をする意義が見えてこない。ここでは、東大で取り組んだ秋入学構想がどのような文脈の中で提起されたのか、構想のいわばプレリュードとして、秋入学構想の提起に先立つタイミングで、私が東大の入学式の式辞で語っていた内容について触れておきたい。そのことが、秋入学構想の本質的な意味合いを理解してもらうために役立つだろう。

東大の場合をとると、学生の入学・卒業に関連する式典は、基本的に年6回ある。学部生の入学式と卒業式、大学院生の入学式と学位記授与式、そして私の任期の2年目から開始した、主には大学院生・留学生を対象とする秋の入学式と卒業式である。このそれぞれにおいて、総長は式辞や告辞を述べる。つまり総長は、毎年6本の挨拶文を準備しなければならない。もっとも秋の式典は英語ベースで、春の式典の式辞告辞のエッセンスを英語でまとめるというやり方をとっていたから、実質的には4本である。私の任期は6年間なので、日本語での挨拶文は、任期中にあわせて24本を書いたことになる。

式辞などを書くのは、通常の業務以上に精神的な負担が大きい。私が式辞告辞の執筆にかかると、完成までの間は総長室の業務が止まると、ある理事にからかわれたことがある。大げさだが、それだけの労力をかける価値があるということではある。式辞を書くというのは、自分の考え方を自分の手でしっかり伝えるという、研究者・教育者としての原点にかかわることであり、また、何より自分の率直な思いを自分の言葉で表現することが総長としての大きな責任であると考えて、在任中にとくに重視した仕事の一つである。学部入学式で述べる東大総長の式辞は、ありがたいことに、メディアでも報道されることが多い。それだけに、どのようなメッセージを発するか、ずいぶん悩むことになる。式辞作成の大変さについては、歴代総長からもさまざまな苦労話を聞いていた。

東大の入学式は例年、大学の創立記念日である4月12日と決まっており、私が総長に就任した最初の２００９年の式辞のテーマが「タフな東大生」だった。式辞にはタイトルを付けるわけではないので、これは私が後から付けたテーマ名である。そして、2年目の式辞のテーマが「国境なき東大生」だった。時系列的に言えば、この式辞を4月に述べた年の夏過ぎ頃から、秋入学の構想に取り掛かっていったことになる。つまり、任期最初の2年の式辞で扱ったこの二つのテーマが、構想のプレリュードだった。

ところで、式辞告辞は同じ内容を繰り返さないことが基本である。聞いている学生は毎年毎回変わるわけだから、同じ内容を繰り返して使えばよさそうなものだし、また大切なテーマであればなおのこと、何度も繰り返す方がよいと思うのだが、毎回異なった内容のものをという伝統は崩せなかった。ただ、私としては一貫して、学生のあり方に対する共通のメッセージを投げかけてきたつもりだ。そのコアにあるのが、「タフでグローバルな」東大生を育てるという思いである。

6年間6回の学部入学式のテーマを羅列しておくと、2009年「タフな東大生」、2010年「国境なき東大生」、2011年「知識と現場」、2012年「よりグローバルに、よりタフに」、2013年「東大の強さ、弱さ」、2014年「大学への自己投企」、となる。ついでながら、卒業式での告辞のテーマは、2010年「リスクと多様性」、2011年「知識の役割」、2012年「『今まで通り』ではなく」、2013年「『タフさ』再論」、2014年「逃げない。『市民的エリート』」、2015年「歴史を忘れない」、というものだった。

タフな東大生を育てる

最初に掲げた教育目標が、「タフな東大生」を育てたいということだった。総長になると、大学のために自分ならではの出来ることは何なのか、ということを改めて真剣に考える。最も大切だと思ったのは、あらゆる面でグローバル化が進む一方、日本の国力に陰りが見えてくるなかで、とにかく学生が幸せに未来を生き抜き、社会に役立つように、どうやって育てるかということだった。

学生には、教育でまだ手の入れどころの大きい部分があると考えていた。東大にはたしかに地頭のよい学生が入ってくるが、その学生たちの力を大学で十分に伸ばしきれているのか。卒業する学生たちへのあるアンケート調査を見ると、東大の教育を通じて幅広い知識や理論的な理解などの力は、「身についた」「まあ身についた」を合わせて7割前後が肯定的な評価をしているのに対して、「グローバルな思考と行動力」についてだけは合わせて4割強と、極端に低くなっていた。この一項目にかなりの課題が凝縮されていたと言ってもよい。

何より、長い受験生生活の中で染みついたであろう点数至上の価値観への偏りから学生たちを解放したいと考えた。より高い点数を求めて努力の限りを尽くすというのは、それも人の成長の上で大切だが、それが世界のすべてだと考えてはいけない。鬼に金棒になる、という表現を冗談で使ったことがあるが、頭がよいというだけでなく、多様性のある環境の中に置かれることで、社会的な行動力、コミュニケーション力や信頼を受ける人間的な力、多様なものや異質なものを受け止める力も備われば、すばらしい力になる。コストをかけても、そこまで育てるのが大学の責任だと考えていた。

タフにはいろいろな意味合いがある。ある時、学生から「どうすればタフになれるか」と聞かれて、「それをしっかり自分の頭で考えることがタフになる道だ」と禅問答のような話をした記憶がある。タフとは、さまざまな価値や生き方の差異を越えようとすることによって得られるものである。ただ、「差異を越える」という課題は現実社会で日々出くわすことでありながら、これに意識的に向き合うことは必ずしも簡単ではない。同質的な環境の中で過ごす方が、お互いに阿吽《あうん》の呼吸も分かってストレスも少なく、物事の処理もスムーズである。差異に向き合うことは、精神の緊張も要するし、困惑したり、不愉快な思いや恥ずかしい思いをしたりしなければならないこともある。ただ、差異に向き合うことによってこそ成長するというのは、人の自然の原理である。

人が生まれてしばらくは、自分が経験したことのないことだらけのはずだ。ある意味では周囲は差異だらけである。それに柔軟に向き合い吸収していくことが、人の成長の過程である。しかし、ある段階にくると、自分を取り巻く環境が一定の範囲内に落ち着き、むしろ差異のないことに居心地よさを感じるようになりがちである。

そういう状態に置かれることは、人の成長の過程で悪いことではない。日常生活の中で落ち着いて基本的な学びをし、定められた社会的ルールを身に付けていく上で、居心地のよさは必要だろう。しかし、大学での学びというのは、そうした居心地のよさの中から飛び出してみることにこそ意味がある。さらに言えば、飛び出すためにこれまでの学びを続けてきた、と言ってもよいくらいだろう。

差異を越えていくためには、自分の能力を精一杯に使って物事に正面から向き合おうとする姿勢、そして、それを持続していく姿勢が求められる。大学での勉学もそうだし、また社会に出ればなおそうだが、人生を送る上では、なまなかな努力では実現できない事柄、計算や予測が不可能な事柄、また不合理で理不尽に見えるような事柄など、数え切れないほどの困難がある。そうした課題に臆せずに向き合って、新しい道、新しい解決、新しい仕組み、新しい生き方、新しいものの見方を生み出すために、力の限りを尽くすのを厭《いと》わないことが、タフであるということだ。

このように、タフであることの大切さを強調しているときに、外部の人からしばしば受けたのは、「それでは東大生はタフでないのか?」という質問である。東大生の名誉のために言っておけば、程度の差こそあれ、こうしたタフさをすでに備えている学生たちは少なからずいる。ただ、東大という存在は、つねに高い理想を追求していくべきだと思う。すべての学生について、あるべき姿のより高みをめざして全力を注ぐことが、東大という存在を東大たらしめるものだと、総長の立場としては考えていた。

イェール大といえばアメリカ東部の名門大学である。そこの学生たちはさぞかし素晴らしいだろうと思うのだが、いささか厳しく学生を見つめているのが、かつてそこで教鞭をとった著者による『優秀なる羊たち――米国エリート教育の失敗に学ぶ』（ウィリアム・デレズウィッツ著　米山裕子訳　三省堂　2016年）という本である。そこでは、エリート教育の「システム」に乗せられた子どもたちについて、「頭がよく、才能に溢れ、意欲に満ちてはいるものの、その一方で、臆病で、不安を抱え、道に迷い、知的好奇心に乏しく、目的意識を失った学生たち」が多いことを取り上げて、「人当たりがよく自信に満ち、そつなく適応している表の顔を一枚剝《は》いでみれば、往々にして、有害なまでの恐怖や不安、抑鬱《よくうつ》、虚無感、喪失感や孤独」にさいなまれている、といった言葉で描いている。そして、「われわれが求めるべきは、打たれ強く、自信に溢れ、自立した魂を持ち、真の好奇心と創造性を有し、危険や過ちを犯すことを恐れない若者だ」と述べる。批判はいささか学生に対して厳し過ぎるような評価とも思えるが、課題を強く浮き彫りにするために用いているやや極端な描写だろう。学生のあるべき姿として著者が描いている若者像には、「タフさ」と共通するものがあって共感できる。

国境なき東大生に

日本人学生のさらなる国際化と留学生受け入れの拡充も、厚みのある教育による「タフな東大生」づくりとともに、総長就任時から掲げていた目標だった。東大は明治初期の創設以来、国際性をかなり強く意識してきた大学である。ただ、海外知識の受容や研究交流など、国際性はもっぱら研究活動面や教員のレベルにとどまっており、学生、とくに学部学生の方には直接的には十分に届いていなかった。東大が、教員個人や学部等のレベルではなく大学全体で国際化に取り組み始めたのも、かなり遅かった。東大の国際的なプレゼンスを強化するということで、大学という単位で学術研究の発信や研究交流・学生交流の進展を目的とした「東大フォーラム」(2007年までの名称は「UT Forum」)をスタートさせたのが、やっと2000年のことである。

私が総長に就任した頃の統計を見ると、学部学生で海外の大学に長期留学しているのは、50人前後に過ぎなかった。ちなみに、研究者の卵とも言える大学院博士課程の学生になると、ぐんと増えて200人を越える人数になる。秋入学への取り組みの中で、教員と面白い会話を交わしたことがある。すなわち、「この分野で東大の学問は世界のトップなのだから、わざわざ海外に行って勉強する必要はない」と言う教員がいた。それに対して、「海外で生活する意味は知識を学ぶことだけではない。学部学生の時代、それもできるだけ早くから、まったく違う生活習慣とか、考え方、生き方、価値観に触れて、驚いたり刺激されたり、悩んだり失敗したりすることによって成長する。それが結局、知的好奇心、知的な頑張りや粘りの力として跳ね返ってくる。そこが大事なんだ」と話したことが何度かあった。たしかに学問水準という点では海外と遜色のない分野も多いので、そう考える教員がいるのは分からないわけではないが、海外で学ぶことの意味はもっと広く深い。

海外で学ぶ意味合いを、大学でのカリキュラム的な学びの国際化とだけ理解すると、議論の視野はとても限られたものとなるだろう、東大での改革論議の折に、理系の分野から、国際化は大学院を中心にすすんできているのだから学部教育を大きくいじる必要はない、といった声も聞かれたが、そうした声と秋入学構想が目指した趣旨との落差は、相当に大きい。

　副学長時代（2005〜09年）から、このように、学生が国際的な経験をする機会の乏しさが気になっており、また先に触れたように、卒業生のアンケートでも、在学中に「グローバルな思考と行動力」を獲得したという人たちの少なさにも驚かされた。そこで痛感したのは、小さな取り組みを重ねているだけでは、時間とともに世界との距離はますます開いて、学生たちが取り残されていくだけだという思いだった。たしかに、学生を海外に送り出すための改善は少しずつは、なされていくだろうが、問題はグローバル化の動きとのスピードの落差である。そこを解決するには、学生の国際的な流動性の枠組みを構造的に変えると同時に意識も大きく変えていかないと、実のある進展は生まれないだろうという認識があった。それが、秋入学への移行という大きな提案につながってくる。

　こうした思いが背景にあって、「タフな東大生」について話した翌年の入学式式辞では、「国境なき東大生」をテーマとした。すなわち、日本という国に閉じこもらず、精神面でも行動面でも国境にとらわれずに、知識と経験、活動と交流を自由に広げてもらいたいという期待を語った。

この「国境なき東大生」というのは、たんに国際性を持ってほしいということとは異なる。すなわち、しばしば「グローバル人材」といった言葉で想定されるような、外国語が話せる、海外でコミュニケーションができる、世界で仕事ができる人間というだけではない。国際的な経験を通じて、自分とは異なった考え方や発想、異なった行動様式や価値観と積極的にぶつかり合い、その多様さを自らのうちに取り込み消化していく、そして、そうしたプロセスを通じて困難をも乗り越えるたくましさと大きく変化する環境にも対応できる柔軟性を身に付けていく、ということである。そうした力をベースにして、物事を多様な角度からとらえ、挑戦をおそれずに行動できる人間として、成長してもらいたいと考えていた。この意味で、「国境なき」は「タフさ」に重なってくる。その後、「よりグローバルに、よりタフに」というフレーズを、秋入学、教育改革へ向けた取り組みのスローガンとして用いた理由がここにある。

「世界的視野を持った市民的エリート」

このように、タフさと国際性の二つの柱で、学生への教育強化の軸を考えていたが、そのいわばバックボーンとして、就任当初からつねに意識していたのが、「世界的視野をもった市民的エリート」の育成という、東大の教育目標だった。それは、国立大学法人化を前に大学運営の理念と目標を示すものとして制定された、「東京大学憲章」の前文の中に盛り込まれている（この制定の経緯については、広渡清吾『知的再生産構造の基盤変動』信山社　２００９年に詳しい）。当然、総長としてはこの言葉に忠実であるべきだろうと考えていた。

ただ、ここで引っかかったのは、「エリート」という言葉だった。言うまでもなく「エリート」には、貴族主義あるいは立身出世主義ともつながる特権的でネガティブな印象がつきまとう。まして東大生が自分をエリートと称するのは、スノビズムも甚だしい。この憲章を制定する過程でも、「エリート」という言葉を採用することについては最後まで慎重論があったと聞いている。ただ、最終的には、「歴史的、社会的な自己の使命・役割を自覚する」ことをエリートの資質としてとらえるという理解にたって、この言葉を使うようになったということだ。私も、あえてエリートという言葉を用いることで、恵まれた教育環境の中で過ごすことのできる者が担うべき社会的責任の重さを、強調しておきたいと考えた。しかも、この言葉には、「市民的」という形容がついている。その趣旨はどうやら、社会生活のさまざまな場面に参加し、そこでの活動や意思決定にあたって、自分が持っている価値を他のメンバーと共有できる資質、孤高性ではなく参加性（献身性）・共生性（公共性）といった特性が重要である、ということのようだ（藤田英典『教育改革』岩波新書　１９９７年）。このように考えると、少し分かりやすくなってくる。

東大を受験しようとする高校生たちを主な想定読者として毎年刊行されている、『東京大学で学びたい人へ』というタイトルの冊子があった。その中で、東大は、国内外のさまざまな分野で指導的役割を果たしうる「世界的視野をもった市民的エリート」の育成が社会から負託された使命だとし、「このような使命のもとで本学が目指すのは、自国の歴史や文化に深い理解を示すとともに、国際的な広い視野を持ち、高度な専門知識を基盤に、問題を発見し、解決する意欲と能力を備え、市民としての公共的な責任を引き受けながら、強靭な開拓者精神を発揮して、自ら考え、行動できる人材の育成です」とある。ただ、指導的役割を果たすことがつねに期待されているとも限らない。リーダーであることとは区別された形で、「公共的な事柄に合理的に取り組む」ことが市民的エリートの資質と理解している元東大総長による見解もある（佐々木毅『知識基盤社会と大学の挑戦』東京大学出版会　２００６年）。

いずれにしても、公共性、公共的というのが、エリートの資質にかかわってくるのだが、「公共」という言葉の意味合いは学問的にも百家争鳴の状態で、必ずしも明確な定義ができるわけではない。ただ、私は、公共とは何かという内容が確定されなくても、人が多様なものに対して開かれた姿勢をとろうとする限り、そこにつねに公共の芽は存在していると考えている。公共の具体的内容をあらかじめ確定して人にそれを求めようとするのは、実はリスキーであるかもしれない。

大学で教員は高い水準の学問内容を、さまざまな工夫をしながら教えている。学生には学問的な知識や理解力はかなり身に付いていて、教育効果は上がっていると言ってよいと思う。ただ、こうした自分の使命や役割についての理解や覚悟、あるいは市民性、公共性といった感覚は、ただただ本を読み授業を聞いているだけでは身に付かないだろう。むしろ、意識的にいろいろな価値観や生き方に、望むらくは国境も超えてさまざまな人びとの生きざまに、肌感覚で触れてみることによってこそ、「市民的エリート」に近づくことができるはずだ。地頭のよさを大学の中の学問の世界だけに閉じ込めるのではなく、大学の外でも、できれば海外でも鍛えられるような機会を設ければ、そこから東大憲章の掲げた精神に近づくことができるだろうし、それが秋入学の構想ともつながってくる。

全学的な教育課題の洗い出し

このように、総長就任後の私の関心は、学生のよりよい育て方に向けられていたが、そうした思いを裏付けていたのが、私が東大の教員として30年ほどを過ごす間に学生を観察しての実感だったし、東大生は入学時には世界的に見ても優秀なレベルにありながら、卒業時には一般的なレベルとなって、国際競争に勝てる力を十分に持っていないという、教員からしばしば耳にした嘆きであり、また時折は誤解も混ざりながら人びとから向けられる、東大の卒業生に対する社会的評価だった。

さらには、本書で取り上げているいくつかの学生調査データからも、テーマが浮き彫りになってきていた。学内で教育改革について検討を行っていた諸会議では、学生の課題として、学習態度の受動性、点数至上の価値観への偏り、主体的な思考・課題発見能力・課題解決能力の不十分さ、表現力・交渉力・討議力などの不十分さ、グローバルな視点の不十分さなどが指摘されている。こうした課題に向き合って、教育の内容や仕組みの改善を図るとともに、学生のマインドをリセットさせることが、私たちのやるべきことと考えた。

東大は、その成立にまで遡《さかのぼ》る歴史的経緯もあって、教育や研究にかかわる基本的な事項については、学部・研究科や研究所などでそれぞれに自分たちのルールを決めていく、いわゆる「部局主義」の強い大学である。悪く言えば縦割り主義ということになるが、他方では、それぞれの学問分野の特性にふさわしい形で、また現場感覚を大切にしながら運営がなされていくという意味で、一概に否定すべきものでもない。ただ、今日のように、分野の境界を超えるような学問が生まれ、求められる教養もより高度なものとなり、さらに洗練された教育方法が期待される環境になってくると、大学としての総合的な強みを教育研究に十分生かす上では障害にもなってくる。

そこで、大学の実情に関する組織的な把握・検討を行うために、総長に就任した翌年の2010年夏以降、教育担当理事の下で、教育企画室が部局長や関係委員会委員等への意見照会をすることで、単独の部局では解決できない、「全学的な教育課題」の洗い出しを行った。そこでは、(1)タテの連続化、(2)教育改善、(3)教育基盤、(4)ヨコの統一、(5)教育の国際化といった柱の下で、多岐にわたる課題が浮かび上がってきている。ここで「タテの連続化」としてまとめられているのは、高大連携、入試制度、進学振り分け制度、就職活動の早期化・長期化への対応、研究者の育成・確保、定員の再検討、標準修業年限の弾力化などの課題であり、「ヨコの統一」としてまとめられているのは、全学共通教育、学部横断講義の拡大、他学部聴講拡大、時間割統一、学事暦統一といった課題である。この2項目だけでも、全学的な解決が求められる、いかに多くのテーマが存在していたか、その一端が見えてくるだろう。

長い時間の中で積み重なってきたそれらの課題を解決していくには、個々の部局と利害調整をしながら一つずつ潰していくのでは、現実の求めにとても間に合わない。実際、たとえば、各学部等の間でばらばらであった時間割や成績評価の仕方は、学生が学部や大学の枠を超えて幅広い学びを行う上での隘路《あいろ》となる問題だったが、それらの見直しだけでも、学内の合意に達するのは容易ではなかった。その背景には、学生に対する教育は基本的に、それぞれの学部が提供するカリキュラムで完結し、それで必要十分であるといった意識の根強さもあった。それだけのことでも学内調整が難航する状況を見ながら、部分最適ではなく全体最適を実現する改革のためには、現状への危機感や課題意識を教職員や学生たちと広く共有し、思い切ったアクションをとらなければならないという思いが強くなっていった。こうした状況認識も、秋入学への移行と結びついた総合的な教育改革へと向かうことになった背景にある。

第3章

構想検討の始動

大学法人化の産物としての秋入学構想

東大における秋入学の検討で特徴的なのは、それを自分たちで構想し、自分たちの手で実現しようとしたことにある。すでに2008年に施行された制度改正によって、「学年の始期及び終期は、学長が定める」（学校教育法施行規則第163条）ということになっており、9月入学への移行を学長の判断でなしうる法令上の基盤は整っていた。

その背景のもとに、国から指示される形ではなく、自らの判断でこの課題に取り組もうとした。とはいえ、最初からそれほどのことと意識していたわけでもなく、後に、ある理事が、「秋入学を言い出せたのは法人化の産物だ。法人化によって、総長が自分の意思と責任で判断して進路を決めるという意識が出来たからだ」と言うのを聞いた時は、目からウロコという感じだった（山上浩二郎『検証 大学改革』岩波書店 2013年にも同様の評価が見られる）。

私がそのことを格別に意識していなかったというのは、よく言えば、大学の自律性を高めるという、2004年に行われた国立大学法人化の趣旨が、かなり自然なものとして浸透してきていたからと言うべきなのかもしれない。自分たちの責任で大学を運営していく、大きな将来設計も自分たちでやるという感覚は、法人化によって強まっていた。秋入学構想の検討開始も、文科省に事前に相談したということはなかった。

もっとも、国立大学法人法によって生み出されたスキームについては、大学の自律性を高めるという理念自体はこのように評価ができる面があるものの、行政改革という大きな流れの中で財政再建や公務員削減の問題と絡められたために、制度改正に際して後出しで出てきた運営費交付金の一律削減など、根本的な欠陥を抱え込むことになった（こうした法人化前後をめぐる動きは、佐々木毅『知識基盤社会と大学の挑戦』の中で、当事者の目線から生々しく語られている）。財源の縮小と、それに伴う人員の削減によって、教職員の業務環境はじりじりと悪化した。確かに、こうした流れが、大学が自らの財源を調達するために努力し、経営というものを真剣に考える契機になったことは否定できない。しかし、文系学部廃止への危惧が一時大きな社会的話題となったことにも象徴されるように、不必要なまでのストレスを大学や教職員に与え、若手研究者の減少なども合わせて、中長期的に見て教育研究の基盤を掘り崩す効果を持ったことは否めない。最近も、文部大臣だった当時に法人化への道筋をつけることにかかわった元東大総長の有馬朗人氏が、国立大学法人化は失敗だったと話していること（日経ビジネス　2020年5月21日号）には、説得力がある。

秋入学の話に戻れば、大学の自律的な判断と責任で出来る、というのは有難かったもののの、いま振り返って考えると、自律性という以上当然のことだったのだが、スキームの設計や改革に必要な人・財源捻出《ねんしゅつ》の検討、また社会・経済界や他大学に対するさまざまな働きかけなどは、すべて大学の自力でやらなければならなかった。

東大の場合は、執行部の役員たちはもとより、総長補佐などの仕組みがあることによって秋入学構想への取り組みには教員たちもずいぶん動き、事項に応じて関連する分野の職員も積極的にかかわったが、職員の中で恒常的に秋入学を担当したのは、副理事・課長・係員の3名だけであって、その仕事ぶりにはすさまじいものがあった。伝統的な国立大学における教員と職員との関係は、えてして主従的な関係となりがちであり、とくに教育にかかわる業務についてはそうであるが、そうした関係を超えた積極的な教職協働が見られたことは、新しい時代を感じさせるものだった。

総長自身も、社会のさまざまな分野の人たちへの働きかけを行うとともに、大学長たちとの面談の機会をしばしば持った。東大総長が多くの地方の大学の学長を訪問して意見交換をするというのは、おそらく前例がなかったことと思う。これらも、さすがに大変だったという感は拭えない。

繰り返し述べるように、秋入学の実現というのは、大学の中だけで完結するものではなく、社会にも大きく変わってもらわねばならない事業であり、また深くかかわってもらわねばならない事業である。こうした取り組みにおいては、大学の自主的な意思と主体的な行動が基本にあることはもちろんとしても、社会も積極的に自らを変えていこうとする意思と行動、そしてそうした動きをしっかりサポートしていこうとする国の実のある政策が、スムーズに連携して動いていくことが強く求められるだろう。9月入学への移行という課題に取り組むにあたっての、今後への教訓である。

構想の検討開始へ

秋入学構想への取り組みは、私の6年任期の2年目が終わる2011年になって本格的に動き始めた。この年の3月に刊行した『東京大学 知の森が動く』(東京大学出版会2011年)という本の中に、「初夢」と題したコラムを書いた。将来、東大がこうした大学になるといいと思って記したもので、「初夢を見た。妙にリアルな夢だった」という書き出しで始まっている。そこでは、駒場のキャンパスで学生の半分くらいは女子学生がいて、新入生を迎える雰囲気なのに季節は秋、また本郷のキャンパスでは学生たちの会話にイェール、オックスフォード、北京など海外の大学の名前が飛び交い、留学するのが当たり前になっている、といった光景が描かれている。ついでながら、大学の基金が一兆円に到達したこと、生え抜きの職員が執行部の役員として活躍していることなどの「夢」にも触れている。

このコラムの原稿を実際に書いたのは、前年2010年の11月頃だったが、それに先立つ9月頃に、職員に学部の修業年限や入学時期に関する制度について調べてもらっていた。すべての東大生に留学経験をさせたいという思いは、総長就任時からいくつかの機会に語っていたが、秋入学を意識して具体的に動き始めたのは、このタイミングになるだろう。

秋入学については、海外の研究者から折々に、「どうして入学が春なのか」「秋入学にすれば学生の交流も楽になるのに」と言われていたのが、耳に残っていた。その時にはすぐに秋入学へという意識はなかったが、総長になる以前の副学長時代から学生の国際化の動きを見ていて、小さな手を打っているだけでは国境を超えた学生の行き来はなかなか進まない、構造改革的な発想に立ってこれまでの教育システムを大胆に見直し、学びの枠組みと意識を根本的に変えないと動かないのではないかと考え始めた。そうした必要性を理念の上で支えたのが、「タフな東大生」「国境なき東大生」を育てたいという思いだった。その変化の起動力になると判断したのが、秋入学への移行という構想である。

2010年の末頃から秋入学に関する資料などを材料にしながら、理事たちとの議論を開始した。役員全体として秋入学にかかわり始めたのはそこからで、理事たちもこの時期に私の考えを初めて理解したことになる。とくに「とんでもない」といった反応はなかったが、何しろ構想はまだ漠然としているし、利害得失についてさらに具体的に詰めて検討することが必要だろうということで、秋入学についてタスクフォース的に論点を詰めていく懇談会を設ける方向に話が進んだ。その考えを踏まえて、こうした懇談会の設置の基本方針を役員懇談会（大学経営に関する法定の審議機関である役員会とは別に、役員間の意見交換・協議の場として任意に設けられている会議体）に諮ったのが２０１１年３月の初めになる。そのすぐ後、学部長・研究科長や研究所長たちで構成する科所長会議という場で、新年度以降の取り組みの一つとして、入学時期の在り方の検討に着手するという方針を示した。この会議から間もない3月11日に、東日本大震災が発生する。

この3月の科所長会議は年度末の開催で、例年のように数多くの議題が会議にかけられたこともあってか、こうした方針について格別の意見が出されることはなかったと記憶している。聞いている科所長たちは、この問題をとくに切迫感を持って受け止めたということはなかったのかと思う。

東日本大震災の発生とそれへの対応で、その後少し動きが止まることになるが、この方針を受けて、4月下旬に、「入学時期の在り方に関する懇談会」（以下、当時の学内での略称言い回しにならい、「入懇」と言う）の設置要項が役員懇談会で了承された。この入懇の位置づけは、いわば総長の私的諮問機関と言うべきもので、設置の趣旨には、「国際化に対応する教育システムを構想する一環として、将来的な入学時期の在り方について検討し、提言をとりまとめるため」と記されている。検討事項は、①現行の入学時期を前提とした教育システムの問題、②入学時期を変更することに伴う得失・影響、③将来的な教育システムの基本的な在り方、④その他入学時期の在り方に関する事項、となっており、学術企画担当理事（清水孝雄副学長）が座長、教育担当理事（佐藤愼一副学長）が座長代理を務め、委員は各研究科の教授ら10人で構成されていた。

検討項目に見られるように、入学時期のあり方をめぐる議論が、学事暦の変更だけでなく、東大における教育のあり方の全般的な見直しにもかかわってくるという問題意識が、この最初の段階から示されている。この懇談会の設置については科所長会議に報告され、翌5月末から議論がスタートした。

大学と社会との共同作業

このように、「入学時期の在り方に関する懇談会」で検討が始まって間もなく、2011年7月1日付の日本経済新聞朝刊が「東大、秋入学に移行検討」という見出しの大きな記事を1面に掲載した。これが、秋入学構想が社会に広く知られるようになった最初ということになる。

一般に、東大の場合、科所長会議などで議題となった主な事項については、各学部・研究科や研究所等の教授会でも報告されることになるが、ごく限られた事項以外はことさら守秘義務を課すということもなく、表に出るかどうかは教員たちの判断次第ということになっている。この日経新聞の取材当時、私は国立大学協会の会長もしていたので、その折の取材の主な話題は、国立大学協会の「国立大学の機能強化――国民への約束――」と題する中間まとめだった。取材の最後に別件で秋入学の話題になり、そこで、秋入学の検討態勢に入っていること、想定される課題や検討のスケジュール感などについて話している。

この記事が出た時に、学内から「どうして総長は突然、秋入学の話を出すのか」と驚きの声が上がったのを知ったが、記事は検討に入ったことを正確に記しているものだし、検討を始めることは3月以降の科所長会議で知らせていたので、正直なところ、こうした反応はかなり意外だった。

この背景には、学内特有のコミュニケーションの問題もあるのかもしれない。科所長会議で出た議題を研究科や研究所の教授会でどのように伝えるかは科所長の判断次第だし、また教授会で報告があっても、教員によってその理解の仕方には差がある。私も普通の教員だった時代には、東大で起きていることを新聞などで初めて知ったということがしばしばあった。また、この時期は、東日本大震災への対応に学内がどこも追われていた時期なので、平常時以上に話は伝わりにくかったのかもしれない。

この記事の後、秋入学構想について多くのメディアから取材があり、一気に社会的な話題に広がることになる。取材への対応にあたって意識していたのは、秋入学というのは大学の中だけの問題ではなく、広く社会のあり方にもかかわるし、就職時期・国家試験の時期などの変更やギャップターム（後述、第6章を参照）についての理解、支援など、社会や政府が覚悟を決めてサポートしてくれないと実現できない課題だ、ということだった。

こうした進め方は、従来の東大の意思形成のやり方とはかなり違う。これは大学に限らず、どこの組織でもよくあることだが、検討の過程が外部に出ることは嫌われる。それは一般的には当然のことである。ただ、秋入学への転換というのは、繰り返しになるが、大学の中だけで完結するのではなく、大学と社会が協働し歩調を合わせて行わなければ実現できないし、意味を持たせることもできない試みである。学内でふだん扱われている議題とは根本的に性格が異なっている。

メディアによる報道が相次いだことについて、「総長は外堀から埋めにかかった」と学内からの批判もあったと後に聞いたが、秋入学構想というテーマが持っているこうした社会的な性格が、十分に理解されていなかったということだろう。そして、いま思えば、一般の教員と大学執行部との間では、秋入学について、もっぱら学内問題としてとらえるか、それとも社会全体を巻き込む問題としてとらえるか、理解の差があったような気がするし、その差に起因して議論にもズレが生まれていたように感じる。

一般の教員に、こうした社会全体を巻き込むような課題にかかわってもらいたいと考えることには、あるいは無理があったのかもしれない。この点は、今後、いずれかの大学が秋入学への移行を進めようとする際には、学内の意思形成にあたって留意しておく必要のある点であろう。学生の課題を生み出している要因が社会にあり、その課題を克服するために社会の協力が必要なときに、それでも大学は学内だけの議論と方策にとどめるべきなのか、それとも社会そのものの変化を期待して学外との協働をも目指すべきなのか。こうした選択については、社会全体の意思として、その変革を先導する役割を大学に託そうとするのであれば、社会・大学間の共通認識が求められるだろう。

入学時期の在り方に関する懇談会

懇談会での議論は、手探りで始まったと言ってよい。私が示していたのは、先に式辞でも述べたような基本理念と大枠だけだったし、一気に秋入学に移行するという先行例もなかった。ただ、そのように手探りであったことが、過去の一般的な9月入学をめぐる議論の経緯を気にすることなく、自分たちの視点と実感から課題や方策を論じていくことに役立ったように思われる。

入懇では、秋入学に移行することのメリット・デメリットの洗い出しという基本的な作業を行うことはもとより、学生が留学しない理由、就職や国家試験の時期、大学院の入学事暦との対応、他大学との連携など、幅広いテーマが話題となっていた。春入学と秋入学の複線化については、入学者に対して十分な教育水準を確保するための教員のリソースの問題などから、比較的に早く否定されていたようだ。また、秋入学にした場合の入学試験の時期をどうするかということも話題になっており、その時期を5月ないし6月頃とした場合には、高校3年間をしっかり使った勉強ができるというメリットは大きい(このメリットは、2003年に行われた関東・近畿地区の高校長を対象とした調査でも、8割ほどの高校長が指摘している)と考えられたものの、他方で、他大学にいったん入学して籍を置きつつ東大を受験する仮面浪人が出る可能性があり、他大学に迷惑をかけることになるだろうという判断から、入試時期の変更には慎重な意見が多かったと記憶している。この過程で大きく浮かび上がってきたのが、ギャップイヤー、ギャップタームへの評価と使い方についての議論だった。後にも触れるが、このテーマに積極的な意味づけを直感したメンバーの感覚は素晴らしいと思う。

このように入懇での議論が進められるなかで10月には、全学教職員懇話会が秋入学をテーマとして開催された。この懇話会は、日ごろ各部局に分かれて仕事をしている教職員が時折は全学的に集まって共通に議論できる場を持とうという趣旨で、従来より開催されてきたものだが、この時には、折から話題の秋入学をテーマとしたものである。

入懇は12月に中間まとめを行い、それをもとに科所長会議で2度にわたって意見交換を行った後、2012年1月20日にこれを公表して学内の意見募集に移った。これに対して400件近い意見が寄せられた。その内訳は、おおむね学生4割、教員3割、職員2割となっており、大学内の幅広い層における関心の広がりがうかがえた。それらは、賛否を単純に色分けできないものも多く、数ページにわたってしっかりと考え方を開陳した意見書もあったことを、印象深く記憶している。とくに職員については、大学の政策決定の過程に、これほど多くの者が意見を述べたのは、大学紛争時といった特別の場合を別にすれば、異例のことだろう。このような動きを見て、次の時代の東大の姿を垣間見た気もした。このほか、総長として各学部長と個別に懇談するという機会も設けた。

こうした経緯を経て、2012年の3月末に、入懇の報告書「将来の入学時期の在り方について――よりグローバルに、よりタフに――」が公表された。報告書では、4月入学を前提とする現行の学事暦は教育の国際化を進める上での制約要因であり、また受験準備の受動的な学びから大学での主体的・能動的な学びへの転換のためにインパクトのある体験を付与することが有意義だとして、①秋季入学への移行、②ギャップタームの導入など、多様な体験・個性を尊重する考え方に立って、将来の教育システムを構想することが適当、としている。そして同時に、秋季入学への移行等は東大の教育理念の実現に向けた十分条件ではなく、国際化の推進、入試・進学振り分けの見直し、きめ細やかな経済的支援などについても中長期的な観点に立った検討を進めていくことが必要と、総合的な教育改革の推進に向けた検討を求めていた。

この答申を受けて私は、学内に向けて、この懇談会の活動を引き継ぐ新たな検討組織を早々に設置する旨の声明を出しているが、その中で、「教育改革への取組みは、1合目から2合目にさしかかることになる」「秋季入学が自己目的ではないことは当然であり、また『打ち出の小槌』でないことは繰り返し述べてきたことである」といった言葉とともに、次のような考え方を述べた。

「秋季入学という課題設定は、教育のさまざまな分野の在り方を根本的な視点から見直し、改革を加速する緊張感を与えるものである。入学時期の変更をめぐる課題の検討と克服についての議論をさらに深めると同時に必要な取組みを行い、引き続き、入学時期の変更という視点を強い牽引力としながら、気持ちを緩めることなく総合的な教育改革を展開していく必要がある。大学がグローバル化の動きに真摯に対応しようとする限り、総合的な教育改革を着実に実行していく中で、秋季入学という事柄の位置はおのずから見えてくるはずである。」

すなわち、懇談会の設立の趣旨に含まれていた、将来的な教育システムの基本的なあり方というテーマを、総合的な教育改革という形で、入学時期の変更というテーマとより明確に連動させようとしている。これは、この間の学内での議論の深化を示すものであり、より本質的な取り組みの段階に入ったことを示すものであるが、ただ、いわば戦線を拡大するという面を持っているので、秋入学への移行を焦点化して実現する戦略という観点から適切であったかどうか、評価は分かれるであろう。この点は後にも触れたい。

留学生の受け入れ態勢

秋入学が国際化を目指すなかで、海外からの留学生の受け入れ拡大も重要なテーマである。学外からの秋入学構想に対する評価も、留学生を増加させるための施策ととらえる向きも少なくなかった。しかし、私たちが秋入学に取り組んだ姿勢は、先に触れたように、むしろ日本人学生の国際化、教育の改革に重点を置いていた。その意味では、留学生増加を最重視する9月入学論とは、やや趣を異にするかもしれない。

もちろん、留学生を増加させるという目標も含まれていたことは間違いない。これまで東大は、優秀な日本人学生を安定的に確保できたという特有の歴史的事情もあり、大学院はさておき、学部段階で留学生を積極的に受け入れるための施策をとる動機もさほどなかったと言える。しかし、東京大学が「世界に向かって自らを開」く（東京大学憲章前文）としている立場からすれば、学部教育も例外たりえないし、とくにグローバル化によって国境の垣根が低くなっていく、これからの時代にはそうだろう。東大の研究成果を海外の人たちにも教育を通じてしっかり伝えたいという自然な思いもあり、海外の若者も東大の中で活躍してくれることへの願いもあり、また、「グローバル・キャンパス」という言葉も使っていたが、留学生が増加することで日本人学生たちの学びの環境にいっそうの多様性が生まれることも期待していた。

秋入学との関係で言えば、その検討の過程で、東大に在籍する留学生に対するアンケート調査を行っているが、そこで、留学にもっとも都合のよい入学時期についての質問では、春13％、秋55％、春・秋いずれでも25％となっている。また、秋入学に変更した場合の留学生の数の変化の見通しについては、大きく増加する21％、やや増加する35％、変化しない17％、となっており、やや減少する／大きく減少するの合計は3％弱だった。回答者のうち学部生は1割強であり、あとは大学院生、さらに研究生たちも含まれていたものと思われるが、一つの参考にはなるデータだろう。

学部段階における留学生の組織的な受け入れという点では、２０１２年秋から受け入れを始めたＰＥＡＫの役割は貴重である。これは、Programs in English at Komaba、つまり教養学部英語コースということで、本部直轄のプログラムだが教養学部に設置されたものである。学部前期課程に「国際教養コース」が設置され、そこから学部後期課程に設置される「国際日本研究コース」あるいは「国際環境学コース」に進学する。書類と面接審査によるアドミッション・オフィス（ＡＯ）入試による選抜で、毎年20〜30名程度を受け入れているが、学生たちの国籍は多様である。

このコースは、文部科学省の国際化拠点整備事業、いわゆる「グローバル30」の枠で整備されたものであり、優れた留学生を受け入れるとともに、入試の方法や海外の有力大学との学生獲得競争など多くの経験も得られているが、運営にあたる教員の負担は非常に大きく課題は少なくない。

このほか、学部によって留学生の受け入れやサマープログラムの提供といった取り組みも徐々にすすめられていたものの、予算が厳しく教員等の採用もますます困難になっている状況は、受け入れの拡充に大きな足かせとなっている。こうした国際化のための基盤強化という課題は、ただ入学時期を変更すれば解決するわけではないことを示す、一例である。

英語による授業科目数は、私の総長在任中のデータだけ見ても、2009年度に321（学部59、大学院262）であったものが、2013年度には897（学部248、大学院649）と大きく増えており、その後もさらに増加しているはずである。ただ、単純にすべての授業を英語化していけばよいというわけでもない。学部段階において優秀な学生を育てていくにあたって、理解の確実性や効率性という点で、なお、日本語は重要な柱であり続けるはずである。また、日本語という国語、あるいは日本的な文化や生活や意識の上に組み立てられた国内的な性格を持つ学問分野は、日本語という枠の中でさらに研究や教育を深化させていくべきことはもちろんだろう。それによってこそ、日本の学術の魅力や日本社会の知的基盤が確実に涵養《かんよう》されていくと考えられる。もちろん、こうした分野であっても、概論ないし導入的な授業を英語で提供するという取り組みはさらにすすめられてよい。それによって、海外の学生たちが関心を持つきっかけとなり、動機付けを与えられて意欲的に日本語を学習し、さらに奥深い学習や研究の世界に入るという期待を持つことができるだろう。

別のところでも触れたように、将来の東大の姿は、米英のモデルを単純に追い求めるものではない。日本語はもちろんとして、英語の他にさまざまな言語も活用しながら、多様性に満ちた環境の中で学術の最先端を目指すことが、日本にある東大のあり方としてふさわしいという思いは、当時もいまも変わらない。

第4章

社会の反応と各方面への働きかけ

マスコミの報道と世論

２０１１年7月初めの日本経済新聞の記事をきっかけに、マスコミの報道が大波のように続くことになった。それによって、東大が秋入学を検討しているというニュースが社会に一気に広まった。取材には大学も丁寧に対応したが、そもそも、入懇ではまだ検討が緒についたばかりの段階で情報量も少なく、報道関係者も伝えぶりに苦心したことと思う。ただ、その分、報道の内容が、大学が提供した情報だけを伝えるのではなく、独自取材によって得られた他大学や経済界など社会の反応についての報道、さらにまた、秋入学について独自に考察を行った社説や論稿などが数多く掲載され、私としては社会の雰囲気、考え方の傾向や留意すべき点を知る上で、ずいぶん参考となった。

報道のトーンは、たとえば、「思い切って踏み出そう」(毎日新聞)、「検討の価値は大いにある」(西日本新聞) といったように、全般として取り組みに好意的だった印象がある。実現に多くの大きなハードルがあることの指摘はあっても、強い反対の論調は見られず、今後に期待を寄せるという雰囲気を感じた。お手並み拝見というよりは一歩進んで、いわば暖かい目で応援しつつ検討を期待するという論調が、多くの記事から読み取れる。「実現には産官学の連携が要る」（読売新聞）と、私たちがやらなければならないと考えていることを、地均《じなら》ししてくれるような社説も見られた。

もっとも、秋入学への移行をどういう観点から評価するかについては、新聞等によってある程度の幅があったように思う。国際化との関連で論じられているのは共通として、外国人留学生の増加策ということだけでなく、日本人学生の海外への送り出しによる「タフな東大生」づくりと連動する取り組みであることに的確に触れている解説記事も少なくなく、改革の原点となる意図はある程度きちんと伝わっているという印象を持った。予想していたことだが、ギャップイヤーの仕組みにもかなり注目が集まっている。うまく使えるかという危惧の指摘もあるが、その積極的な活用と効果に期待する論調がむしろ目立っていたと思う。

「教育見直すきっかけに」（神戸新聞）という社説のように、秋入学への取り組みにおいて教育のあり方こそが本丸という認識が正面から示されたのは、慧眼だと感じた。ただ、全般的には、大きな教育改革への取り組みという要《かなめ》の部分が十分に理解されていないことには、残念な思いを持った。やはり、秋入学という言葉のインパクトがあまりにも大きいために、報道もどうしても学事暦の変更それ自体に焦点を絞りがちになるし、私としても、秋入学を前面に立てて改革の牽引力にしようと考えていたので、こうした報道ぶりになることは覚悟しなければいけなかっただろう。このことが、後に、東大の取り組みが最終的に総合的な教育改革へと落ち着いていくときに、マスコミや社会がその意義を理解しにくかったことにつながっていったと思う。教育改革が学生の未来にとっていかに本質的で重要なものであれ、それはあくまで東大内部の問題であって、秋入学の話題に比べれば社会的な報道価値は低いものと判断されたのだろう。

翌年2012年の1月に、入懇が秋季入学への移行を提言する中間まとめを公表すると、その内容を新聞や放送などが改めて大きく取り上げ、多くの新聞社は社説も掲載した。それらの論調は、全国紙の社説の表題だけ取り出しても、「東大の秋入学　学生のための国際化を」（朝日新聞）、「東大秋入学案　社会的な環境整備の議論を」（読売新聞）、「大学秋入学　教育改革のステップに」（毎日新聞）、「東大の『秋入学』　果敢な提案を評価したい」(産経新聞)、「東大の秋入学　大学の活性化の契機に」(東京新聞)といったものであり、総じて積極的な評価を示すものだったと言ってよい。この中間まとめの公表にあたっては記者会見も開かれ、70名を超える報道関係者が出席した。サイエンスやThe Chronicle of Higher Education の記者も来ており、国際的な関心の高さを感じたし、スポーツ新聞の記者から、六大学野球のタイミングやドラトのプロセスにも影響があるのではないかといった質問も出るなど、社会の関心の広がりを改めて実感した。

新聞等が行った世論調査の情報は、大変貴重なものだった。たとえば、日本経済新聞が初報道から間もなくの時期に行った、一般の人びとを対象とした調査では、賛成32%、反対12%、分からない/何ともいえない32%、という数字になっている(日本経済新聞2011年7月25日朝刊)。また、中間まとめ公表後の2月に産経新聞が行った調査では、大学の秋入学移行が必要と「思う」50%、「思わない」35%(2012年2月14日朝刊)、読売新聞の行った調査では、東大など一部の大学の秋入学移行に賛成43%、反対30%(2012年3月9日朝刊)などとなっている。9月入学に関する回答者の理解度はさまざまだっただろうし、質問の仕方も異なるが、全体的な傾向としては賛成がかなり多く出ている印象がある。過度の評価は禁物だが、社会の相応の期待を感じさせてくれる数字だと受け止めた。

なお、これに先立つ10年前の2001年に、内閣府が全国5000人を対象に行った調査でも、大学の入学時期を原則として秋頃（9月）に改めることについて、賛成／どちらかといえば賛成41％、反対／どちらかといえば反対41％とほぼ拮抗しつつも、前向きな回答も大きな数字になっているので（ちなみに、学校種全体については、反対等がやや多くなるが、賛成等も4割近い）、9月入学という考え方への足場は、日本社会の中でじっくりと醸成され定着してきていると理解してよいと思う。

諸大学の反応と動き

東大が秋入学の検討を始めたことは、とくに他の大学には知らせていなかった。したがって、7月の報道によって初めて、東大の動きを知ったことになるだろう。この時点での他大学の反応の様子については、新聞などから情報を得ることが多かった。はっきりと否定的・肯定的な反応をしている大学は少なく、様子見という状態になっているのはやむをえないだろう。なかにはエールを送ってくれる大学長もあり、励まされたことを覚えている。８月段階で行われた調査では、自分の大学の場合に、秋入学は不要40%、4月入学と併存しての導入27%、秋入学のみ16%だった（朝日新聞　２０１１年10月7日朝刊、日本経済新聞　２０１１年10月25日朝刊ほか）。注目したいのは16%という数字で、パーセントとしてはさほどの割合ではないが、回答数が２６３校ということをもとに実数を計算すると、42校にものぼる。大学にはそれぞれの特色があり、すべてが国際化に向かう必要はなくて、さまざまな個性、多様性があってしかるべきである。その中で42校という数字には、かなり驚いた。大学で国際化を思い切ってすすめなくてはという気持ちは、想像していたよりはるかに大きく広がっていたのだろう。

構想当初の動きは、東大での取り組みに集中しており、大学間連携の準備は整っていなかった。新聞の論調にも、単独の方が速やかにすすめられるという見解もあれば、他大学との連携の必要性を指摘する見解も見られた。しかし、入懇での議論が進むにつれて、執行部の中でも、この秋入学で取り組もうとしている課題は他の大学にも共通するテーマであり、制度改正なども東大単独では難しいだろうという意見が強まっていった。懇談会は、部局長をはじめ学内からの意見を踏まえて中間まとめの修正を行い、最終的な報告書では、大学間の連携の意義・重要性を強調しつつ、「秋季入学への移行を本学単独で行おうとすることは容易ではなく、拙速な対応をとるべきでない」という姿勢を明示した。

こうした入懇での議論とも並行して、執行部では、他大学との連携・協働の可能性を探り始めていた。その具体的な形が、2012年5月に正式に設置された、12大学の学長レベルが参加する「教育改革推進懇話会」である。

当時すでに、11の研究重点大学が集まる大学間の連合体、いわゆるRU11(RUは、Research Universities の略)というものがあった。これは、国際競争力のある高い研究成果を目指している大学に対する公的支援の充実を求めてスタートした組織だが、教育に関してはまた別の大学連合を設けるのが適切だろうということで動き出したのが、この懇話会ということになる。

高度なグローバル人材の育成に向けた12大学(国立は、北海道、東北、東京、名古屋、京都、大阪、九州の旧帝大と、筑波、東京工業、一橋、私立は早稲田と慶應）の協議体であり、Global Leader の頭文字をとってＧＬＵ12と略称し、幹事役を東大と慶應大が務めることになった。秋入学については各大学ともそれなりに関心を持っていたが、ＧＬＵ12での協議事項はカリキュラムや入試改革なども含めて多岐にわたっており、ここで大きな流れを生み出すというところにまでは至らなかった。

大学ごとに温度差があり、かなり積極的な学長もいれば、さほど乗ってこない学長もいる。たとえば京大は「入試改革の方が先」という立場を公にしていたし、また、学長と理事の間でも意見が違っているということも、ままうかがえたのは、興味深いことだった。学長にしても、それぞれの大学の内部事情を抱えているために、秋入学に賛成であっても具体的な行動をとることには難しさがあることもよく分かった。ＧＬＵ12は、学長級会合の下に副学長級会合を置くとともに、参加大学の希望に応じて特定テーマのＷＧ（ワーキンググループ）を設ける体制とし、東大は「学事暦見直しＷＧ」を主導することになったが、おのおのの取り組みの情報交換に止まってしまった感は否めない。

現在の目からこうした状況を振り返ると、大学発で大きな改革を目指す場合であっても、社会や国の意識や枠組みが大学での議論の深化と連動してある程度、同期していかないと、大学だけが突出して改革の先頭に立ち続けるのはなかなか難しいという思いも残る。

また、大学の動きとしても、RU11のように、学術研究の振興という目標とその達成手段がおおむね共有化できているところでは、文科省への要望などでこの種の連合が有効に働くが、それぞれに教育改革の重点や方針が異なっている場合には、それを一定の方向にまとめていくことは、各大学の独自性にもかかわるところが大きいため、相当に難しいことと感じた。ただ、それぞれの大学の考え方、動き方がかなり率直に聞けたのは、きわめて有意義だったことは間違いない。また、社会的にも、こうした形をとっているということが、取り組みに納得感を得られやすいものにもなったと思う。

こうした連合を組みながら気になっていたのは、GLU12のメンバーではない他の多くの大学のことだった。当時、私は国立大学協会の会長をしていたが、理事会や総会でどのように秋入学のテーマを扱うかは、なかなか悩ましいところだった。まだ検討中の課題だということや大学の特性もさまざまであることから、軽い意見交換の段階でとどめることにしたが、ともに動きたいという大学もあれば、迷惑な話だと思う大学もあるだろうと、国大協という単位で深い議論をすることは避けた方がよいと判断していた。代わりに、個別の大学の学長と話をする機会をできるだけ設けることにした。

ただ、これも、相手を説得するというよりは、秋入学についての意見交換をし、今後の動きに向けてお互いの信頼関係をつくっておくという意味合いが強かった。正直なところ、多くの大学を一つひとつまわるにはとても時間が足りず、身体がいくつも欲しいと思ったことがある。

ちなみに、秋入学への移行を是とする東大の入懇中間まとめが公になった後になるが、2012年1月から2月にかけての時期に行われたアンケート調査では、82の国立大の中で秋入学を検討している／今後検討する39校、検討予定はない31校となっており（読売新聞　2012年1月29日朝刊）、また日本私立大学連盟の加盟校121校に対する調査（回答98校）では、秋入学移行に賛成20校、反対8校、どちらとも言えない70校となっている（読売新聞　2012年4月25日朝刊）。大学の規模や性格によって運営の力点の置き所はさまざまであることから、こちらもやはり全体に対する割合はさほどの意味がなく、むしろ実数で賛成校としてこれだけの数が出ていることに注目すべきだろう。もちろん、東大と同じように、大学の執行部が前向きであっても学内でどのように意見を取りまとめられるのか不確定要素も大きいが、もしこれだけの大学が手を携えて秋入学に移行するということが起こり得ていれば、日本の高等教育の姿を大きく変化させるだけでなく、グローバル時代に真正面から向き合って日本社会を変動させる動きとなっていたことは間違いない。

経済界の反応と連携

経済界は、過去の流れを見ても「グローバル人材」に対する要望は強く、基本的に秋入学については、積極的なサポートをしてきた。もっとも、2003年に行われた一部上場企業を対象とした調査では、秋入学移行による企業のメリットについては、メリットはとくにない55％、国際的人材への期待26％、デメリットとしては、既存の人事・給与体系との調整困難43％、事業年度とのずれ39％などといった結果（進学制度研究会「大学の秋季入学に関する調査研究」文部科学省委託研究）になっており、これだけ見ると秋入学への思い入れはさほどないように見える。ただこうした空気も、現実に通年採用や中途採用なども広がっていくなかで、その後10年ほどの間に急速に変化してきていたのは間違いないところだろう。

秋入学を導入する場合の主要課題として必ず指摘されるのは、企業の採用時期との整合の問題である。多くの大学関係者も、これがもっとも大きな障害の一つと見ていた。これまで一般には3月卒業4月入社の新卒一括採用が想定された仕組みで動いてきているが、秋入学の場合は、夏休み前の卒業で6月か7月の入社ということになる。この点については、検討を始めたごく初期の段階で、東大の経営協議会に出席している企業人たちから、東大が先導する形で秋入学へ移行していくことを積極的に支持する意見に加え、「すでに通年採用に近いこともしているので、卒業が遅くなっても大丈夫だ」と発言があったことは心強く感じた。これは、当然ながら学生たちの関心も強いはずのテーマだったので、早くから経団連や経済同友会の関係者などと協議する機会も多かったが、基本的に前向きの話であった。

経団連は、「グローバルJAPAN――2050年シミュレーションと総合戦略――」（2012年）で、大学秋入学の導入を実現すべしと明記しており、翌2013年6月にまとめられた「世界を舞台に活躍できる人づくりのために」の中でも、秋入学移行などの提案を高く評価するとともに、「産業界としても、大学における多様な学事暦の導入が本格化すれば、現在の春季一括採用から、より多様で柔軟な採用活動への移行に積極的に対応していくことが求められる」、としている。

経済同友会も、「新卒採用問題に関する意見」（2012年）において、「秋採用・通年採用に向けた取組」として、「東京大学などの『秋入学』への挑戦を支援するため、春の新卒一括採用に拘泥《こうでい》するのではなく、秋採用や通年採用を組み合わせた採用の複線化・多様化を図るべきである。秋入学を検討している大学にはできるだけ早い導入を期待したい」と、秋入学を意識した採用の柔軟化を提言していた。

また、2011年に立ち上げられた「産学協働人財育成円卓会議」のような産業界と大学との協議の場でも、夏・秋採用や通年採用の拡充の方針が示されている。

もっとも、さまざまな企業があるので、決して楽観はできなかった。企業が理念としては採用の複線化や多様化を言っていても、実際は違うのではないかという不安は、大学・学生の立場からはなかなか消えないところがある。採用時期を秋入学に合わせるかどうかの対応は、企業規模によっても異なる傾向があるとの報道もあった（読売新聞　2012年2月1日朝刊）。あるシンクタンクは、採用担当者に対するアンケート（2012年1月実施）の結果を踏まえ、「大手企業では、6割以上の企業が『秋入学を評価』しているのに対し、中堅・中小企業では『春入学・秋入学の両方』を支持する声も多くなっている」という分析を示している（HR総合調査研究所）。ずいぶん以前の事例だが、30年ほど前に、ある私大が秋入学を試み、その学生たちのために採用時期を変えてくれるかと6000社にアンケートしたところ、4000社が対応可能と回答したが、実際には企業の反応は悪かったという述懐もある（染谷忠彦氏　日本経済新聞　2011年9月19日朝刊）。

ただ、その後の世の中の流れは通年採用に向かっており、実例も相当に積み重なってきている。秋入学の議論が広がる中で、その流れがさらに加速することは想定してよいと考えていた。メディアの報道で紹介されるさまざまな企業のスタンスを見ると、企業によっては、入社時期が春と秋で分散すると、研修など手間やコストがかかる、あるいは同期の一体感が薄れるといった懸念を示しているところもあるが、基本的には柔軟な採用は可能としているところが多い。

こうした状況認識を踏まえ、秋入学の体制に応じた柔軟な採用の仕組みを確かなものにし、広げていこうと、企業人が多く出席する会合での講演なども、できるだけ引き受けるようにした。こういう講演などの社会的活動は、採用の問題はもちろんだが、さらに広く、教育改革で想定している「タフでグローバルな学生」の育て方を、社会の仕組みや意識の変化が加わることによって、よりしっかりと社会でも理解し受け止めてほしいという思いからでもあった。

そして、そうした会合では、秋入学に向けた東大の取り組みへの熱いエールを受けることが多く、企業と大学が手を携えて日本社会の改革に取り組んでいこうという機運の胎動を感じることがしばしばあった。さまざまな経営者と議論する機会も多かったが、当時の日本貿易会会長だった三井物産会長の槍田《うつだ》松瑩《しょうえい》氏もその一人だった。同氏は東大の取り組みについて、「大学教育のグローバル化に向けた大きな一歩として、評価し、応援したい」といった寄稿（毎日新聞 2011年10月13日朝刊）や、第6章でふれる「ギャップターム推進」に向けた学内での検討への支援を行うなど、経済人の心意気を感じさせるものがあった。

政府や政治の動き

秋入学については文部科学大臣とも話す機会がしばしばあった。ちょうど自民党政権の間に民主党政権が挟まる形の時期で、6年間の総長在任中に7人の文科大臣が次々に交代した。民主党政権のとくに初期は、「事業仕分け」に象徴されるような厳しい財政削減の影響が大学にも及ぶ大変な時期だったが、秋入学についてはどの大臣も基本的に理解を示してくれていた。

2012年春、自民党の馳浩議員からの「大学の秋入学に関する質問主意書」に対し、民主党の野田佳彦内閣は、答弁書（2012年4月3日）の中で、「大学における秋季入学の導入等に関する検討は、グローバル人材の育成等の観点から国際化や国際競争力の強化に資し得るものであると考えており、議論の実りある進展が大いに望まれるところである。東京大学が秋季入学への移行を検討することを表明したことは、国際化や国際競争力の強化を図る各大学に大きな影響を与えるもの」という強い期待感を表した。同内閣にて、同じ年の10月から文科大臣となった田中真紀子氏は、自身のアメリカ留学の際に経験した課題、若い人たちがじっくりと自分の適性や将来を考える時間を持つことの大切さなどを話して、賛意を表明していた（同趣旨を述べた最近のインタビューとして、毎日新聞　2020年5月21日夕刊）。

また、自民党の下村博文氏は、野田内閣当時の国会審議に際し、大学の9月入学を全力で後押ししたいと述べ、政府の積極的な対応を求めていた。文科大臣になってからも、その姿勢は変わらず、日本人学生を海外に送り出すことの大切さを熱く語っていたことを思い出す。その思いの一端は、「トビタテ！　留学JAPAN」の仕組みとして実現され、数多くの高校生・大学生が海外経験を得るために利用されてきている。

国家試験の時期の変更などについては、言うまでもなく、政府に動いてもらわないことにはどうにもならない。そこで、入懇での議論を踏まえ、政府による支援を望む事項をとりまとめて、民主党政権当時の古川元久国家戦略担当大臣に対し、総長名の要望書を提出した（2012年3月2日付）。この要望書では、「政府による環境整備を期待したい事項（例）」として、公的資格試験の時期・回数や受験資格、公務員採用時期の他にも、大学への公的投資の拡充や教育制度の弾力化、学生への経済的支援、体験活動の推進、国際化のインフラ整備、産業界・自治体への働きかけ、秋入学への移行措置（授業料減収への手当て等）といった多岐にわたる内容を盛り込んでいる。

こうした要望の結果、同年7月の閣議決定では、グローバル人材育成という文脈の中で、「大学の秋季入学導入の進捗状況に応じた環境整備を進める」「2014年度には、大学の秋季入学等の導入に関する政府としての基本的な対応方針を整理する」といった内容が盛り込まれ、その具体的な改革工程表の中には、国家公務員の採用時期の弾力化、各種国家試験・資格試験の検討、ギャップイヤー導入普及促進といった事項が位置づけられた（2012年7月31日閣議決定「日本再生戦略」）。

正直に言えば、「進捗状況に応じた環境整備」というのは、最前線で戦っている者の感覚からすれば、いささかまだ腰が引けている印象もないではなかった。むしろ、国家試験の時期や回数について秋入学を導入する場合のフィージビリティ（実行、実現の可能性）についての青写真をしっかり示すくらいのことでなければ、政府が本気で支援しようとしているとは見做《みな》し難いという感じも持った。ただ、他方で、政府が先走りし過ぎると、大学の自主的な動きが損なわれるリスク、あるいは大学の動きが止まってしまい、政府の方針が梯子《はしご》をはずされた状態になるというリスクもあるだろう。その意味では、いずれまた9月入学への取り組みが行われる際には、ある段階までくれば、相互に情報を公開し、社会全体としての具体的な揺るぎない歩みを確認し合いながらすすめていくことが重要だと考えている。

政治が秋入学の問題にどの程度かかわるのが適切かということについては、さまざまな意見がありうるだろう。新型コロナ禍の影響の下で話題となった9月入学論については、政治が前のめりになり過ぎたと批判されることもあった。ただ、本書で繰り返し触れているように、秋入学は、大学の中だけの改革にとどまらず、一般的な教育のあり方や社会の基本的な仕組み、価値観、さらに人びとの意識や生き方に大きな影響を及ぼすものである。その意味では、国の大きなあり方にかかわる9月入学の問題に、よい形で政治がかかわることは不可欠だろう。

そこで重要なことは、教育現場の感覚をしっかり踏まえ、制度改正による負担を現場に押し付けることなく十分な支援をすること、そして、新しい時代の仕組みをつくり上げることについて国民的な議論を呼びかけ、後押ししていくなど、社会がすすむ道筋について政治がとことん責任と覚悟を持つことである。政治の言葉としては、しばしば「世論の動きを見きわめる」といった表現が使われることが少なくない。それは一面で正しいが、政治が責任逃れをするための言葉として、あるいはポピュリズム志向を正当化する言葉として利用されるべきではない。

9月入学については、大学の自主的な動きを軸にしつつも、政治が、次の時代の日本社会を作り上げるための構想を練り、国民にしっかり示し、責任も持つ覚悟を決めた上で世論の動きを見るということでなければ、世論が自然に盛り上がってくるのを待つだけ、あるいはいっときの賛否の移ろいに迎合するだけというのでは、政治の怠慢であると思う。

当時、秋入学に関して文科省内部でどのような検討がなされていたのかは詳《つまび》らかでない。新聞記事では「お手並み拝見」といった姿勢であるとの観測も伝えられていたが、9月入学への取り組みは東大が自主的なスタンスで動き始めたことでもあり、実務に対して大きな責任がある行政の姿勢を、ただちに批判的に受け止めることもない。すでに、総理大臣の下に置かれた教育再生会議の議論を経て、秋入学への移行も学長の裁量で可能であることを明確化したばかりの文科省にとっては、教育政策的にはひとまずは済んだ話のはずでもあったろう。

ただ、私自身は、接触する文科省の人たちの好意的な雰囲気を感じていた。歴代の文科大臣が秋入学に前向きのスタンスを表明していたこともあり、かりに秋入学が実現の方向にすすむとすれば、具体的にどのような形が望ましいのか、どういう課題がありうるのか、行政としてそれなりの検討をすすめていたことは、想像にかたくない。その際に、すべての大学を一気に秋入学に移行させるのは無理としても、東大を含む限られた数の大学だけの移行ということも、あるいは選択肢として議論されていたかもしれない。

ちなみに、最近は、いわゆる「官邸主導」の流れにあって、文科省のみならず、各省庁が総理等のトップダウンの指示によって動くことが多くなっている傾向が見受けられる。そのことの一般的な是非論は措《お》くとしても、とりわけ自主性・自律性が尊重されるべき大学の教育研究の振興に当たって、文科省には、大学の発意によるボトムアップの改革をとことん応援する組織として、政府内でのプレゼンスを大いに発揮すべきことが期待されるだろう。文科省のそうした姿勢によってこそ、大学が伸び伸びとして社会的な貢献力を高めていくことが出来ると、私の経験で思う。

高校生・大学生とその周辺

教育改革の最大のステークホルダー（利害関係者）は、言うまでもなく大学生であり、また、そのすぐ手前にいる高校生である。一方では、教育をする者の立場から学びのあり方を設計していかなければならないが、他方で、学ぶ者自身がどのように学びたいと考えているのかを知ることも重要である。

そうした意味で、これから大学に入り秋入学を実際に経験する可能性を持つ高校生が、秋入学についてどのような見方をしているのかは、関心の大きいところだった。まとまった調査としては、2012年4月にリクルート進学総研が実施したインターネット調査がある。それによれば、調査対象の高校生のうち、秋入学を認知している者が76％、また、認知している者の中では、秋入学の導入に賛成38％、反対20％という割合になっている。さらに、賛成であれ反対であれ、その理由のもっとも大きなものがギャップタームというのは興味深い。この点については、後に触れることにする。また、参考までに記しておけば、この調査では、72％の高校生が、グローバル化は自分に関係があることと認識しており、秋入学への賛否にかかわらず、高校・大学において、グローバル化を十分に意識した教育が重要になることが示唆されている。

ステークホルダーとしては、保護者の受け止め方も重要である。これについては、ベネッセ教育情報サイトが、幼児から高校生までの保護者2600人あまりを対象とした調査を2012年3月に行っているが、秋入学について、とても良い5％、まあ良い23％、良くない9％、あまり良くない28％で、わからない35％、という結果になっている。高校生たちへの調査と比べると秋入学に消極的である印象を受ける。ただ、調査対象となっている保護者が育てている子どもの年代がかなり幅広いこともあり、やや解釈に迷うところでもある。

また、高校生の身近にいる高校教員に対して、大學新聞が２０１２年に東京・大阪・愛知で実施した調査では、賛成17%、反対18%で拮抗しており、どちらとも言えないが58%になっている（大學新聞　２０１２年4月10日）。「どちらとも言えない」の割合が大きいのは、秋入学の設計がまだ十分煮詰められていない段階で、進路指導に責任を持って対応しなければいけない高校教員たちが持っていた、率直な反応だったかもしれない。

その後、高校教育の現場の責任者である校長に対して、全国高等学校長協会がアンケートを実施しているが、9月入学導入について、どちらとも言えない48%、賛成24%、反対24%となっており、やはり判断を留保する傾向が見られた（２０１２年9月21日　全国高等学校長協会大学入試対策研究協議会配布資料）。

大学生については、他大学の学生の反応を十分知り得ないので、ここではデータがある東大生の反応を紹介しておくことにしたい。まず、第3章で触れた東大の入懇の中間まとめに対する学内意見募集で寄せられた、１６７件（学部学生91件、大学院学生76件）の声がある。その内容は多様で単純に賛否の色分けはしがたいが、たとえば、教育の国際化の意義の評価とともに大学の英語カリキュラムへの改善要望、ギャップタームの費用面での心配、ギャップタームを在学期間中に設けるという提案、大学院の秋季入学への移行案、また、進学振り分けが留学に支障となるという意見も多かった。

２０１１年10月に実施された、学内の留学生約２００名を対象としたアンケートでは、秋入学に変更した場合、長期留学の受け入れが増えるという回答が半数を超えている。これら大学からの調査への回答に止まらず、秋入学構想の具体的検討に積極的に参画したいという学生たちが現れたことも、嬉しい驚きだった。国際的な広がりを持つ学生団体の動きとして、「STeLA」という団体が、ギャップターム向けのリーダーシップ育成プログラムを提案してくれたり、「AIESEC」という団体が海外インターンシップのさまざまな提案を出してくれたりしていたことを、印象深く記憶している。

その後、秋入学への移行という答申提言がなされた直後、２０１２年の4月に入学したほとんどすべての学部生を対象に、東大の学生新聞がアンケートを行っているが、その結果は、秋入学の支持50％、不支持23％という数字になっている（東京大学新聞　２０１２年4月24日号）。この数字を聞いたときは、正直、少し驚いたが、すでに大学に入学したばかりの学生が対象なので、わが身に降りかかるというよりは、むしろあるべき姿を考えるという、やや理念的なスタンスでの回答だったのかとも思う。

ほぼ同じ時期に、在学する学部2年生（前期課程修了時）に調査したデータがあるが、賛成39％、反対40％、分からない21％となっている（東大の「教養教育の達成度についての調査」から）。反対の理由としてあげられているのが、少数の大学だけ入学時期が異なると混乱する、就職までの期間が長くなる、といったことだったので、教育論というより現実的な観点からの反対が多いように見える。

ちなみに、新入生に同様のアンケートを2014年4月に実施した際の結果は、賛成が35％、反対が20％だった（東京大学新聞　2014年4月22日号）。その後の議論の経緯を見て数字に変化が生じているのは当然としても、教育改革は見通しがついてきたものの学事暦の変更そのものは難しくなった段階で、なお秋入学にこれだけの賛成があったのは、若い人たちが変化を求める大きな傾向は変わっていないためという印象を持つ。こうした若い人たちの思いと力をどのように生かしていくかは、大学、そして社会に投げかけられた大きな課題として受け止めなければならない。

第5章

異論さまざま

秋入学のメリット・デメリット

秋入学をめぐる課題については、臨時教育審議会をはじめとする政府のさまざまな会議で指摘がなされてきた。東大においても、「入学時期の在り方に関する懇談会」での検討の中で、それらを参照しながら、大学固有の事情も加味して整理を行った。その検討結果は、懇談会の報告書の中で、「学部の秋季入学のメリット・デメリット」と題する表（108～109頁）の形で総括されている。

この表では、国際交流、授業期間（長期休業との関係性）、入学前の空白期間、入試時期、卒業・就職の時期、その他（業務量・コスト等）の項目ごとにメリットとデメリットが列記されているが、それら多くは、コインの裏表のような問題であり、かつまた、客観的データに基づいて両者を天秤にかけて物事を決められるような性質のものでもなく、まさに議論百出となることは必至だった。

本章では、主として、デメリットとされた事柄をめぐる議論の中から、いくつかのトピックスに焦点をあてて論じておきたい。なお、最大の論点の一つであったギャップタームについては、次章で取り上げる。

以前にも触れたように、物事を変えようとするときに、現状を前提とした反対論が多く出るのはよくあることである。しかも、変えようとする側は将来的な利益の見込みを語るために、いま目に見える慣れを前提とした現状からの批判に対しては、いつも分が悪くなる。現状がよほどひどいものでない限りは、こうした議論の構図になるのは、まま見られる現象である。これは、東大の学内にあっても例外ではなかった。ある教員が、学内のさまざまな異論について、理念論（たとえば、国際化等を優先課題とする目標設定への疑義）、方法論（たとえば、国際化等の達成手段としての秋入学移行の合理性への疑義）、感情論（たとえば、マスコミ報道を先行させるかのような検討の進め方への疑義）が絡みあっているとうまく総括していたが、そもそものところで、これまでの慣性の持つ力が人びとの行動や意識に与える影響の大きさは、無視できないものがある。

9月入学論議をめぐって今後も起こり得る、そのような状況を乗り越えるためには、将来のあるべき姿に対する確固とした合理的な信念をリーダーが持つことはもちろん、

▼デメリット

1-1 従来あった外国人留学生の日本での入学準備や予備教育にあてる期間が無くなる。国費留学生は渡日から入学までの期間が長くなり減少するおそれがある
1-2 日本の高校生の優秀な層が他大学（海外を含む）へ流出するおそれがある
1-3 教員の国内大学等との交流や連携活動に支障が生じるおそれがある

2-1 他大学と長期休業期間がずれるため、部活動等で交流等が実施しづらくなるおそれがある

3-1 ギャップ期間中の家計負担が発生する（事実上の修業年限延長）
3-2 入学者の学力が低下するおそれがある（受験準備で得た知識の剥落）
3-3 入学前教育などを行う場合、経費や教員の負担が増える
3-4 ギャップタームの取得が任意ではない（海外と異なり全員一律の取得）

4-1 学部入試と大学院入試の時期が重なり業務が集中するおそれがある

5-1 国・地方公共団体・企業等による、新卒者の4月一括採用の雇用慣行から外れるため就職が困難となるおそれがある
5-2 国家試験等受験の場合も含め、就職（社会に出る）までの期間が延びるため家計負担が生じるとともに、収入減（機会費用）が発生する
5-3 移行初年度は、春季採用のみの企業の場合、当該大学の卒業生の採用困難となる場合がある
5-4 社会に出る時期が半年遅れるため、年金やGDPに影響を及ぼすおそれがある

6-1 移行期間における収入減やキャッシュフローへの影響、コストが生じる
・学部新入生の授業料の減収（授業料半期分相当：約▲8億円／年）
・導入前年度の入学料の減収（入学年度に徴収する場合）（約▲9億円）
・学年進行により移行する場合、開設授業科目数が大幅に増加する
6-2 事実上の修業年限延長に近い結果が生じ、キャンパス環境や教員の負担に影響が生じる

学部の秋季入学のメリット・デメリット（一般入試の時期を現行どおりとする場合）

●メリット

1. 国際交流：国際的にスタンダードな学事暦と整合する

1-1 留学（サマープログラム等を含む）がしやすくなる
1-2 優秀な留学生を受け入れやすくなる（特に短期）
1-3 優秀な帰国子女を確保しやすくなる
1-4 教員交流がしやすくなる
1-5 バーチャルな国際交流（遠隔共同授業など）がしやすくなる

⇒ ・国際性の涵養
・異文化体験等武者修行による士気や自己認識の向上

2. 授業期間：学期の途中に長期休業が入らない

2-1 学生の勉学効率が向上し、教育効果があがる
2-2 休業期間後の試験を意識せず様々な活動に挑戦したりできる
2-3 長期休業期間中に教員は研究や年間の授業準備を十分に行える

3. 入学前：高校卒業から大学入学までに空白期間が生じる（ギャップターム）

3-1 社会体験など多様な体験機会を充実させることができる
3-2 入学前教育の充実を図ることができる
3-3 受験競争の中で染み付いた点数至上主義の認識・価値観をリセットし、学びに取り組む姿勢を転換することができる

4. 入試：入試の実施時期を集約することができる（大学院も秋季入学に一本化する場合）

4-1 教員の教育・研究時間が十分に確保できる
4-2 入試関係業務・事務が簡素・合理化できる
4-3 大学院入試が初夏〜夏の場合、卒論や修論を加味して評価することができる

5. 卒業・就職：卒業が夏、就職が秋以降となる

5-1 課業期間終了後の夏を就職活動に充てることができ、就職活動の影響なく、大学教育をしっかり行うことができる
5-2 分野によっては、資格試験の受験を1年遅らせることにより、大学教育をしっかり行うことができる
5-3 我が国の雇用慣行の本格的な多様化の契機となる可能性がある
5-4 春季採用を前提とした場合、ギャップタームの期間として活用できる

6. その他

6-1 入学式・卒業式等が年1回になることにより式典関係業務が軽減する（大学院も秋季入学に一本化する場合）
6-2 真夏・真冬の電力需要抑制に寄与できる
6-3 既存の社会の仕組みを変えることにより我が国全体の閉塞感を打破する契機となる可能性がある

出典：入学時期の在り方に関する懇談会報告書「将来の入学時期の在り方について──よりグローバルに、よりタフに──」

どれだけ多くの構成員と、さらには組織の外にある社会と、その信念を共有できるかが鍵となるだろう。そして、そうした信念は、改革にあたってのさまざまな交渉や取引のコストといった狭い意味での合理性の枠を超えた、直観的な洞察や持続的な意思に裏打ちされたものであることが求められる。

桜の入学式、草萌え出る春

秋入学に対する情緒的な異論だが、私もそれなりに理解できないわけではないのは、入学式は桜の下で行われるべきだという、素朴に日本的な主張である。もっとも、4月の入学式頃に桜が咲くというのは、細長い日本列島で限られた場所だけである。東京でも最近は、桜はむしろ卒業式の時期に咲くことも多くなった。この情緒論への言及は、東大の秋入学構想が公になった当時の報道の中でも散見されたが、さほど重視された扱いのようでもなく、全体としては国際化への視点に圧倒されているという印象を受ける。1980年代の臨時教育審議会でも、桜へのこだわりは発言としては出たものの、とくに深い議論にまでは至らなかったようだ。子どもが小さい頃については、こうした桜論も分からないわけではないが、大学生に成長してまで桜の季節にこだわることはないだろうというのが、私の率直な感覚である。

実際、第1章でも触れた2001年の内閣府のアンケート(「今後の大学教育の在り方に関する世論調査」)によれば、学校全体の秋入学の導入について「反対」とする者のうち、「現行の制度で特に支障はない」を理由に挙げた者の割合が61%と最も高く、以下、「社会・学校に大きな混乱を招く割にはあまりメリットがない」35%、「桜の咲く頃に入学するのが日本人に合っている」34%などの順となっており、桜論は相応のウエイトを占めるものの、決定的な要因ではない。なお、「桜」を挙げた回答者は、都市規模別に見ると、町村部で多いという結果になっている。

さらに言えば、春は物事の始まりの時期である。若芽が吹き出し、蕾《つぼみ》が膨らんで、これから成長していこうとする生命のリズムが動き出す季節である。その季節に学業もスタートするのが望ましいという主張もあるようだ。ただ、桜への思い入れの話題とは異なり、こうした自然のサイクルは欧米などでも当然ながら同じように見られるから、さほど説得力があるとは思えない。自然の移ろいと学校のスケジュール設計とは、切り離して考えられるものである。両者のつながりは格別に論理的なものではなく、また情緒論としても、桜論の方が感情に訴えるものがある。

もっとも、情緒的性質の強い桜論は、学内での議論においては目立つものではなかったが、季節とカリキュラムとの関係をめぐる実質的な意見を示していたのは、農学系からのものだった。フィールド科学を重視する農学教育にあっては、春から夏にかけての生産力の増加、実りの秋にかけて、実験や野外実習が組まれ、それらを有機的に結び付けるように講義科目が設計されている。秋入学に移行するとなれば、こうしたカリキュラムを大幅に変更することとなるため、教育の理念や効果の面で懸念点が指摘された。ただ、秋入学の欧米などでもこの自然のサイクルは同様であり、そこで農学や生命科学が発展していない、学びにくいという問題があるとは聞いていないので、秋から学期が始まることが不都合である理由としては、決定的なものではないと思う。もし季節の流れにあわせた学習が必要であれば、カリキュラム編成で工夫できる範囲の問題ということになるだろう。

採用時期、国家試験などを変えられるか

次の章で触れるギャップタームが「入口」の問題である一方、これと並ぶ大きな問題が「出口」、すなわち卒業・就職への影響であった。企業の採用時期の問題については先に触れたが、より強固な壁として立ち塞がったのが、司法試験や医師国家試験などさまざまな国家試験や公務員採用の時期・回数、受験資格の問題である。

こうした試験の現状では、試験にかかわる人たちは、多くが本務の仕事を持ち、試験問題の作成から採点、さらに口述試験など、多忙ななかで時間をやりくりすることによって、ぎりぎり何とか試験が実施できるという体制になっている。こうした状況の中で、秋入学への移行に応じた試験体制を準備するというのは、容易でないことは確かである。また、国家試験はしばしば、その後の研修制度とも連動しており、スケジュール変更の難しさが秋入学にとって大きなハードルであることは間違いない（医師国家試験にかかわる厚労省の動きについて、読売新聞　2012年2月10日朝刊記事を参照）。ただちにそれを克服

するアイデアがあるわけではないし、その変更の見通しがつきにくいことが、確かに、秋入学への移行を断念した大きな理由の一つとなった。たとえば、東大にとってとくに強く意識せざるを得ない司法試験についても、法科大学院の存在意義など司法制度改革のありようが政治的課題ともなっていた当時の状況下では、法学部関係者は悲観的な見通しを示唆していた。

ただ、およそ人がつくった制度というのは、変更できないはずはないというのが、私の素朴な信念である。秋入学構想をめぐる議論の過程では、関係の省と掛け合ったり、他大学の学長や教員たちとの意見交換も行ったりしたが、医師国家試験にしても、かつてのように年2回実施に戻せばよいではないかという意見や、いまの試験の難易度が高くなりすぎており、この機会に是正すべきだという意見、海外のようにプール問題とすれば出題者の負担も減るといった意見なども聞いた。いまの試験のあり方を100%そのままに墨守しようとすれば変更を生み出す余地は乏しいかもしれない。しかし、そもそもいまの試験の内容や仕組みが本当に合理的なのか、海外の状況も参考にしながら、この機会に改めて問い直してみることも必要だろう。およそ制度というものは、試験も含めて、時が経てば経つほど精緻に複雑になっていくものである。それは時代の新しいニーズに応じたものとしてまま説明されるが、時には一部をリセットするような感覚がないと、社会はがんじがらめになっていく一方だろう。その状態を当然の前提としていると、思考の範囲は限られてしまう。

もちろん、これに対しては、それでは法の運用や医療などの質が保てないという反論が来るのが常例であり、一般の人たちはそれにはなかなか反論しにくい。ただ、質の確保については、試験の場面のみを取り上げるのではなく、その後の研修制度などのあり方も含めて総合的に検討をくわえてみることが必要だろう。実はこれは、大学入試にも通じるテーマでもある。私は、東大だけ秋入学に移行するということでは、こうした国家試験の時期などの変更は難しいかもしれないけれども、いくつかの大学が本気で動き出せば制度は変えられるだろうと考えていた。

会計年度

入学時期をめぐる歴史的変遷や議論の中で欠かせないポイントとなる、会計年度の問題についても触れておこう。大学がかつて9月入学だったのが4月入学に変わった経緯には諸説ある。国の会計年度にあわせたという説、暑い時期の試験を避けたという説、4月の徴兵で入学志望者がとられてしまうことを回避するためだったという説、などである。それぞれの理由は、現代の目で合理的に考えればとくに説得的な理由ではない。当時の大学内での議論も、なぜ変えなければいけないのかといった雰囲気だったようで、いずれにしても、まえがきに引用したように、とくに教育的な理由があって変更されたわけではないということは言えそうである。いまの9月入学をめぐる展開の方が、教育論の観点からの議論が賛否にわたって幅広くなされており、はるかに実がある。

この変更理由の中で、いまでも通用しそうで、また一見説得力があるように見えるのは、会計年度との整合性である。しかし、これはあたかも当然のように見えて当然でもない。海外の状況を見ると、入学時期と会計年度の開始がずれているのは、むしろ普通と言えるからである。たとえば、9月入学が一般的な国の事例を見ると、会計年度の始期は、アメリカが10月、イギリスやカナダが4月、フランスや中国は1月といった具合である。会計年度の始期は1月の国が比較的多いようだが、その場合でも、学年の始期はドイツが8月、ブラジルは2月、韓国は3月である。各国における大学の会計処理の方式がどのようになっているのか、さらに詳しく調べてみる必要があるが、年度会計を基本に運用するとしても、過年度支出や繰り越しを柔軟に認めていくシステムを設けておけば済む問題であろう。近年は、日本でも予算の繰り越しなど柔軟に認められていく傾向にあり、東大の入懇における検討では、国立大学法人制度の下で、会計年度のあり方が秋入学移行に向けて制約となることはないという結論を得ていた。

秋入学移行は国際化の適切な手段か

先に触れた、入懇による、秋入学をめぐる課題のあぶり出しや具体的な提言を受けて、それぞれの学部・大学院や研究所でも活発な議論が始まった。最終報告書に先立って出された中間まとめの段階から、議論はすでに始まっていたが、その中でも印象に残っているのは、中間まとめへの対応を検討するために、教養学部・総合文化研究科で若手・中堅教員を中心に設けられた「入学時期検討特別委員会」からの逆提案（2012年3月3日付「教育の国際化ならびに入学時期の検討に係わる意見書」）である。

その基本的なスタンスは、秋入学という手段でなくても教育の国際化に向けて多様な取り組みが可能であるとし、またギャップタームに関する問題点を指摘するものだった。秋入学構想が取り組もうとしている、社会の仕組みや意識の変革までも視野においた課題の本質や広がりについての理解、あるいは、しばしば緊張を失って中途半端に終わりがちな改革の持続的な実行を担保する推進力の所在など、私の目からすれば気になるところはあったが、同時に、教養学部の執行部やこの委員会の教員たちが、秋入学構想において提起されている課題に真摯に向き合おうとしている姿勢には、敬意を感じた。秋入学構想の検討からすすんで総合的な教育改革の設計と実施にかかわっている多くの教職員の努力と真剣さには、頭が下がる思いを持っていたが、さらに、構想に批判的ではあっても、学生のためのよりよい教育のあり方を深く考え改革に取り組もうとしている教員たちがいることに心打たれた。

入懇も、この意見書の趣旨も踏まえ、教育の国際化などに関して、入学時期の在り方以外のさまざまな課題への対応を含めた、総合的な教育改革を進める必要性をいっそう強調する形で、最終報告書をまとめた。そして、その中で、大学構成員に対して、「秋季入学への移行という問題は、単なる学事暦の技術的な調整に止まらず、グローバル化に対応する大学構成員や社会の人びとのメンタリティの転換、さらに社会システム全体の見直しにつながるインパクトを持つテーマ」である点への理解を求めている。

少し先走った紹介になるが、この教養学部の委員会は、「学部教育検討特別委員会」として再編の後、翌2013年3月に、検討をより深めた答申書をまとめることになる。教養学部長に提出されたこの答申書は、まず共有されるべき人材育成像を、「主体性と能動性を備え、批判的思考力によってみずからの認識を鍛え、社会的・公共的な責任感と使命感をもって行動する人材」「異なる価値観を理解・尊重し、多様性に開かれた志向性とコミュニケーション能力をもつとともに、世界と他者との係わりで自己の位置を測定するような自己相対性を備えた人材」の二つに集約した上で、現状における学部学生の課題として、学生の均質化、点数至上主義への偏り、チャレンジングな学習態度の少なさ、実質的な学習の少なさ、を取り上げている。

その上で、望ましい学部教育の実現に向けた改善の柱として、①学習過程が学生一人ひとりにとって実のあるものとなり、〈しっかりと学ぶ〉という姿勢が根づくこと、②学習過程において学生個々人の主体性・自主性・能動性を涵養し、〈自分から学ぶ〉という姿勢を醸成すること、③学生それぞれの多様な背景や関心、目的意識などに応じた学習を促し、〈柔軟に学ぶ〉という姿勢を許容すること、という三つの柱をあげ、それぞれの柱を実現していくための具体的な方策を詳細に提案していた。

ここに示されているような、教育現場での豊富な経験と誠実な改革姿勢に裏付けられた委員会での検討は、私のその後の方針や全学の委員会での結論にも影響を与えることになった。

春入学・秋入学の並立で十分か

多くの大学の中には、すでに4月と9月双方の入学時期を設けているところも次第に増えており、なぜ9月だけに一本化しようとするのか、という異論はしばしば耳にする。部分的であれば、東大を含め、すでに9月入学を並立させている大学はたしかに数多くある。

しかし、全国の学部入学者の中で4月以外の時期の入学者の数は、現在でも1%にもはるかに及ばないし、多くが留学生で日本人学生は少数である。部分的ではなく、本格的な並立を特徴として打ち出して学生を募集し、それに対応した教育体制をとる現実的な見込みのある大学は、果たしてどれくらいあるだろうか。しかも、入学者が主には日本人であることを想定した上で、である。4月も9月もという並立案の妥当性については、その内実をしっかり確認した上で議論していく必要がある。

東大の学内でも並立案は検討したが、入懇の結論は、学部教育の性質・実情を踏まえると、「入学時期さらには教育課程を複線化しようとすることは、相当のコストを要し」「限られた人的・物的資源によって教育の質を維持・向上させていく観点からは、……全面移行がより合理的である」というものであった（同様の課題を指摘する大学は少なくない。日本経済新聞　２０１２年1月21日朝刊掲載のアンケートを参照）。ただし、すでに複線化が進んでいる大学院段階については、研究科間の事情も異なっていることも踏まえ、「全面移行の是非は、より慎重な検討を要する」とされている。

４月も９月もというやり方では、教育のあり方や社会の仕組みも変わらなければ、という意識や動きを促すようなインパクトは生まれない。せっかく新しい時代にふさわしい学生を育てようとしているのに、社会の仕組みや意識の変化が付いてこないと、ある段階で大学の動きは孤立してしまうし、学生たちが受けた教育の成果を社会で十分生かせないだろう。東大の秋入学構想の時も、「並立案を検討」では、社会も変化を求められているという受け止め方にはならなかったと思う。並立ができる大学はそれを進めていくことが望ましいが、小さな点の集合が容易に面になることはできないのと同様で、９月入学論に代替できるものではない。

そういえば、春・秋を本格的に並立させた場合に、他大学との部活動の交流などはどうなるだろうか。秋入学にした場合の問題点として、東大の運動会運動部所属の学生に対するアンケートでは、シーズン本番となる秋のリーグ戦への参加メンバーが限定されてくる可能性、あるいは練度が不足する可能性などが挙げられていたが、とくに学期が他大学とずれてくることによる対抗試合・交流試合のスケジュールの再調整や、試合への出場資格の取り扱いなどは、東大だけでは解決することはできず、他の大学とも十分に話し合うことが求められる課題だと感じた。秋入学は東大単独での実施は想定していなかったものの、たとえば六大学野球一つをとってみても、そのうちどれだけの大学が移行するかによって、議論の形は変わってくるだろう。

こうした課題の調整は、春・秋の本格的な並立体制となるとさらに複雑になりそうだが、決め事の世界として割り切ることができれば、解決の方法はあるだろう。ちなみに、前記のアンケートでは、秋入学となることによって、ギャップタームの間に受験生活でなまった体を鍛えてもとに戻せる、新人勧誘活動がしっかりできるようになるといった意見もあり、また、留学生の増加によって留学生がより多く運動部に所属するようになることへの期待も語られていた。

なお、私立大学からよく出される異論で、秋入学への移行にあたっては、半年間の授業料収入がなくなり財政的に厳しくなるという懸念がある。ギャップタームの間の身分をどうするかという設計にもかかわるところがあるが、こうした懸念はもっともだろう。移行期には、秋入学を促す国の戦略的な政策として、助成等の措置をとることも必要になると考えるのが自然である。大きな支出は伴うが、国が秋入学の仕組みを日本社会の中にしっかり定着させていこうとする覚悟を持つのであれば、教育論や情緒論からの異論とは異なり、それ自体は合理的な解決が可能な問題であると思う。

第6章

ギャップターム

ギャップタームの提案

2012年3月にまとめられた「入学時期の在り方に関する懇談会」の報告書において、秋季入学への移行とセットになって重要な柱となったのは、「ギャップターム」という考え方である。ギャップタームとは、3月に高校を卒業して9月に入学するまでの半年ほどの間に、若者が任意の形で有意義な体験、すなわち、知的な冒険・挑戦やボランティア、国際交流体験など、さまざまな体験活動を行うというものである。これは、趣旨としては、ベルトコンベヤー的な隙間のない学習からいったん立ち止まる時間をつくり、体験活動を通じて大学で学ぶ目的意識の明確化や動機づけ、また留学などの素地づくり、さらには価値観のリセットなどの機会を設けようとするものだった。これは、学校間の接続はシームレスであることが当然に望ましい、という前提に立った従来の教育システムからの、パラダイム転換となる。

高校を卒業し、学びのあり方や人生の過ごし方についてさほど問題意識を持たないまま大学に入学して、そのまま卒業していく学生が多いのではないかと危惧していた。大学での学びを始める前に、いったん立ち止まる時間を意識的に持つ方がよいと考えた。立ち止まると迷いや悩みも出てくるが、新鮮な発見も生まれる。試行錯誤もあるが、より広い世界の刺激を受け、それによって成長するとともに、自分を客観視することで自信を持つことにもつながる。そうした「寄り道」の時間を持ち、余裕を持って自分に向き合うことによって、学生が抱えている課題を乗り越えていくためのきっかけも得られるはずだと考えていた。

言うまでもなく、これは、イギリスなどで行われてきたギャップイヤーの考え方を応用したもので、これまで政府の教育再生会議などでも「日本版ギャップイヤー」ということで提案が出されていたものである。入懇報告書の考え方では期間はおよそ半年間ということになるので、「ギャップターム」という新しい言葉をつくっている。ギャップイヤーは1960年代のイギリスで始まり、90年代に定着したものと言われるが、大学入学に先立って1年ほどの期間を、任意で社会経験などのために活用するものである。こうした経験をするのは学生の1〜2割とされるが、正式に入学延期という手続きで認められた者は７％程度のようである。また、アメリカやオーストラリアでも、こうした仕組みを導入している大学が見られる（ギャップイヤーについては、文部科学省「学事暦の多様化とギャップタームに関する検討会議」の資料、朝日新聞　２０１１年８月３日朝刊の砂田薫氏による紹介、ＡＥＲＡ　２０１１年9月12日号の多賀幹子氏による紹介などによる）。

教育システムのパラダイム転換を求めるプランに対し、関係者に大きな当惑が生じ、異論も出ることは必然であるが、当時、とくに新入生を受け入れる教養学部からは、議論の前提として、ギャップターム期間中の入学予定者が学生としての身分を持つのか否か、当事者の権利・義務、大学としての責任をどう考えるべきかという強い疑義が呈された（本書では、記述の便宜上、身分の問題は措いて、「入学予定者」ではなく「学生」と記しておく）。

イギリスの例などでは、自主的に個人が活動を選択していくことになるが、ギャップタームの場合は、より制度化され、また全員が何らかの形の活動をすることになり、さらには、こうした本格的な取り組みは大学としても日本社会としても初めてのこととなるので、導入の当初においては、大学も、学生が質の高い体験を積むことの出来るよう、プログラムのアレンジや学生指導、経済的支援など、かなりしっかり手を出さなければならないと判断していた。ギャップタームの理念である自主性の一部を損なうことになるが、それは、こうした制度のスタート時点では当然で、むしろ配慮を行わないことは学生に対して無責任になる、と考えた。

また、学生たちが社会の中でさまざまな経験を重ねるには、大学として提供できるプログラムだけでなく、何より社会の中に受け皿をしっかりつくってもらう必要がある。それを準備する過程が、社会にとっても、人びとの生き方や価値観を考え直すきっかけをもたらすだろうとも期待した。受け皿としてはすでに、インターンシップに関してNPOである「AIESEC」といった学生団体などがあり、また一般財団法人である日本ギャップイヤー推進機構協会といった組織も、ギャップイヤー推進のために積極的な活動を行っていた。活用できる公的な仕組みとしても、文科省の国立青少年教育振興機構の諸事業や、当時の例でいえば、「地域おこし協力隊」(総務省)、「田舎で働き隊」(農林水産省)など、意識的に探せば、可能性のある受け皿は少なくない。

もっとも、やはり新しい取り組みのスタート段階でもあり、学問分野によってはギャップターム期間中の学力低下を懸念する意見もあったため、すべてを社会における体験活動とするのではなく、学問的な学びへの意欲・関心に応えるような配慮という観点から、学びを通じてより深く考える経験も含めることが必要と判断して、かなり幅のあるプログラムを用意することを想定した。そうした活動の具体例として懇談会の報告書に掲げられているのは、次のようなものである。

1 **知的な冒険・挑戦をする**

学術俯瞰プログラム、研究室体験プログラム、フィールドワーク体験プログラム、言語・異文化学習プログラム、リーダーシップ育成プログラム、読書プログラム

2 **社会体験を通じて視野を広げる**

ボランティアなど社会貢献活動、国際交流体験、インターンシップなど勤労体験活動、ホームステイ活動

3 **大学の学びに向けた基礎をつくる**

基礎学力養成プログラム、体力増進・運動プログラム、外国人学生を対象とする

日本語・日本文化理解のプログラム

報告書のとりまとめ以降、こうした内容を具体化してギャップタームの実行可能性を探るべく、さまざまな情報や経験を得ようと、学内で「学社連携ギャップターム研究会」といった場も設けてNPOや企業の人たちとも勉強会を開催したり、後に触れるような実験的プログラムを始動させたりした。

一方、政府においても、大学の動きに呼応して教育再生実行会議が、「秋入学など学事暦の柔軟化に伴うギャップターム等を活用した留学や海外での体験活動を含め、日本人学生・生徒の短期、長期の海外留学に対する支援を抜本的に強化する」という方針を示し（2013年5月「第三次提言」）、これを受け、文科省でも「学事暦の多様化とギャップタームに関する検討会議」を設けて、ギャップターム推進に向けた環境整備のあり方について検討を行う（2014年5月に意見まとめ）、といった動きが続くこととなった。

18歳未熟論

このギャップタームの提案に対して、前記のように、多くが18歳くらいの若者が入学まで半年間空けることへの疑問や不安といったものが、大学最初の2年間を教える駒場の教養学部の教員たちを中心に出てきた。この半年の間の身分はどうなるのか、学生は宙ぶらりんになるではないか、昔と違っていまの18歳はひ弱になっているので、とても放っておけない、自分たちで自主的に考えて行動しろと言われても、どうしたらいいか分からない学生もたくさん出てくる、それは大学として無責任ではないか、といった意見だった。「総長も一度、駒場に来て、新入生たちを見てください。とても自由にさせるわけにはいかないんですよ」と言われたこともあった。

要するに、18歳の若者たちは、自ら責任を持って半年間を過ごすには未熟だということになるが、教員たちのこうした心配は、実際の学生に日頃接しているだけに、真剣に受け止める必要があると思った。ただ、改革に取り組むときの姿勢としては、これまでにある若者の状態を当然の前提として議論するだけでは、不十分だと言わなければならない。その状態に課題があるとすれば、それを是正していくために、いまの社会的環境や大人たちからの働きかけが最善であるのか、大きな視野から問い直してみることが必要となる。

いま目の前にいる18歳の姿は、これまでの日本の家庭や学校の教育、さらに社会が生み出したものであって、どういう育て方をしても18歳はこうなるというわけではないだろう。もし18歳が未熟だというのであれば、そうした育て方をしてきたことを、社会として猛省すべきなのだと思う。また、中学校を卒業し、あるいは高校を卒業して、しっかり社会で働いている若者もたくさんいる。そういう若者がいるのに、18歳が未熟だという決めつけは、きわめて失礼なことである。ギャップタームという仕組みがあることを前提に子どもたちが育ってくれば、18歳の若者はいまとは大きく違った成長を遂げることは間違いない。

一般的に、海外の若者に比べて日本の若者は幼いということがよく言われる。本当にそうなのかはもっと実証的なデータが必要だろうが、そうした印象論を払拭できるような育て方が必要だろう。秋入学は、学事暦の変更だけでなく、これまでの教育のあり方や社会のあり方を変えていく広がりを持つものだということは、こうした面でも見えてくる。

ギャップタームについての評価は、社会の方がより楽観的であるように見えた。秋入学に関するたくさんの報道の中で、社会的な経験を持つことをポジティブな視点から伝える記事が圧倒的に多い。現場の教員たちからすれば、それは観念論で、実際の学生はギャップタームを有効に生かせる用意は出来ていないという思いがある。今日の段階での真実は、おそらくその中間くらいにあるのだろう。自分で計画をつくってすぐにでも社会や海外のあちこちに出かけて行こうとする学生も少なくない。また、機会が与えられるなど、ちょっと背中を押されれば、自分もさまざまな経験をしてみようかと考える学生は、相当多くいるはずである。しかし、それでも躊躇する学生もいるだろう。また、やはり自分は社会で揉まれるよりは大学の中の学びの世界で過ごしたいという者もいておかしくない。そのために、先に掲げた活動の具体例でも、多様な学生のあり方に対応できるような幅の広いプログラムが想定されている。

そういえば、この秋入学構想の議論の後で、私も総長を退任してからになるが、2016年から18歳選挙権が制度化された。選挙権を持つというのは当然に、自分で判断して投票できる能力を想定しているわけなので、18歳は未熟だという議論は社会的にはなかなか通用しにくくなったと思う。また若者の自己決定権を尊重し積極的な社会参加を促そうという趣旨で、成年年齢を18歳に引き下げる民法改正も2022年から施行される。学生の自主性をいっそう尊重し高めていくように、育て方に社会や家庭がさらに意を配るとともに、大学の教養教育のあり方も見直しが求められていくことになるだろう。

経済的格差

ギャップタームについては、このほか、せっかく大学で勉強したいと希望に燃えているのに、半年間勉強できないのは教育上よくないという意見、この間に学力が低下するといった懸念(たとえば、数理科学研究科の委員会は意見書をまとめ、「理系教育を歪め、日本の科学・技術の競争力を損なう可能性が高いと思われます」と指摘している)なども出されていた。教育現場で学生に接する教員の心配として理解できる面はあるものの、受験準備で得た知識の剝落《はくらく》という問題は、いまの大学入試のあり方を含む高大接続の仕組みを問い直すことが本筋と言うべきだろう。ただ、とくに重要視して考えなければならないと思ったのは、ギャップタームの利用に関する家庭間の経済的格差の影響という問題である。

経済的な理由によって、学生を半年間うまく体験活動に行かせられる家庭と、行かせられない家庭が出てくるという状況は、生み出すべきではないのは当然である。先にあげたように、体験活動といっても、さほどコストのかからない活動もたくさんある。社会的な受け皿がしっかり出来てくれれば、なおさらそうである。また、後に触れるＦＬＹプログラムの経験では、活動のためのある程度の資金をアルバイトで得てから海外等での体験活動に出て行く、といったやり方をした学生たちも少なくないようだ。

ただ、とくに海外等に出かけての活動ということになると、当然にかなりの費用が必要になるので、家庭間の経済的な格差という問題が生じることはあり得る。この点を考慮して、仕組みの立ち上がりのところでは、プログラムの工夫とともに、大学はもちろん、さらに社会や国からの十分な支援が不可欠になる。こうした支援を効果的に設計企画できるという意味でも、最初は限られた大学で秋入学へのスタートを考えるのが、国の戦略としてもよいと思う。それらの大学の取り組みを通じて、ギャップタームのモデルを、支援のスキームや社会の受け皿などの整備を含めてつくっていくことができるだろう。

もっとも、格差ないし公平性の問題というのは、本気で論じようとすれば、実ははるかに深刻な日本社会の問題である。当時の議論の折に、ギャップタームにおける経済的な格差の問題だけ取り上げて論じることには、直感的に違和感も持った。そもそも、入学試験を受けるまでの段階、さらにその後の大学生活を送るなかでも、家庭環境や経済的環境は、学習に大きな影響を与えているはずである。激しい受験競争のなかで、ある程度経済的に余裕がある家庭でないと子どもを東大にやることはできなくなってきているという指摘も多く、確かにこのところ、東大に入学してくる学生の家庭はかなり世帯収入が高くなっている傾向がある。また、地方の公立高校などからの入学者は大きく減少してきている。東大としては、こうした格差の問題にもっと正面から取り組んでいく必要がある。在任中に推薦入試の導入を決めた背景の一つにも、そうした課題意識があった。

秋入学やギャップタームの話がなくなったから経済的格差の話はもうおしまいというのでは、議論の誠実さを疑われるだろう。東大という日本を代表するような高等教育機関だからこそ、こうした課題に真正面から持続的に取り組み、大学として出来ることを示すのが、矜持《きょうじ》だと思う。それは、人が持っている能力に対する公正な姿勢ということが取り組みの原点であるが、東大にとってのメリットという観点からしても、学生の多様性を増すことが大学の総合的な力を高めることに役立つはずだし、また、より多様な環境をつくっていくことが学生の成長にとって大切なはずだ。

ＦＬＹプログラムと体験活動プログラム

２０１３年から「初年次長期自主活動プログラム」という制度が、東大で動き始めた。ＦＬＹプログラムと呼んでいる。Freshers' Leave Year Program の略称である。ギャップタームの構想の先行実施と言うべきもので、文部科学省や産業界11団体、非営利団体（NPO）4団体からも広く後援を受けてスタートしたこの制度は、大学に入学した直後の学部学生が、申請して1年の特別休学期間を取得する。その期間に東大以外の場で、ボランティア活動や就業体験活動、国際交流活動などを行い、それらを通じて自分を成長させていく自己教育の仕組みである。

通常は病気などやむを得ない事情のときに取得する「休学」という制度を、教育的観点から積極的に活用しようという試みでもあった。ひとり当たり上限額50万円の経済的な支援も講じた。初回は、11名の学生が、メンターとなる教員と連絡をとりながら、海外を中心に活動した。国内では、インターンシップを通じて東日本大震災の復興に携わる学生も現れた。

このプログラムを修了してキャンパスに戻ってきた学生たちが報告会を行う場に出席したことがある。居並ぶ彼ら彼女らから受けた強い印象は、一年前に送り出した時と比べて、一人ひとりの顔立ちが、つまり個性が、とてもはっきりしたということだった。学生たちの多くが海外に出ていくなかで、東日本大震災の被災地で活動した者もいる。

その一人は、ずっと釜石で復興と街づくりに走り回っていた。社会の多様さと複雑さに初めて深くかかわった経験を通じて、「とりあえずやってみる」ことが習慣化したと述べている。

学生たちが驚くほど共通した姿勢を体得していることも印象的だった。多様な文化や生活に触れて異なったものを受け止める感覚を身に付けたこと、改めて日本や日本文化への自覚・興味が生まれたこと、あるいは、自分に自信を持ったこと、失敗することを恐れなくなったこと、さらに自分の意見をはっきり述べることなどである。まさに、このプログラムが期待していたものである。

少なからぬ学生が、この期間に語学力を鍛えることも目標にしていた。ただ、普通に英語圏で過ごしたという学生は少ない。活動場所にカナダのトロントやオーストラリアのシドニーを選んだ学生たちの理由は、その都市が持つ人種・国籍・文化の多様さだったからだと言う。別の学生は、インドのデリーを選んだ。欧米や日本とはまったく異なる文化の場だった。ただの語学研修とは大きく違うものを得たことと思う。

芸術的素養を深めようと20余りのヨーロッパの都市を旅した学生もいた。各地でコンサートなどを鑑賞し美術館を訪れるなど、観光旅行を続けていたようにも見える。しかし、この学生もとても大切な経験をした。それは、「本物に触れる」経験をしたということである。FLYプログラムは、学生たちが多様性に出会うことを期待しているが、それは同時に、「本物に触れる」ことでもある。本物とは、生の芸術文化であり学問に没頭する人の姿であり、あるいは人びとの実際の生活であり、被災地などの現実である。学生たちは長い受験勉強を通じて、知識としてはたくさんのものを持っている。頭の中で概念や論理を積み上げていく訓練も大切なことは、言うまでもない。しかし、知識と現実の本物とが重なり合う経験をするときに、個人の能力も感性も大きく飛躍する。歴史的建造物にじかに手を触れた感動を語った学生の言葉も忘れられない。期間の大半を哲学論文の執筆に費やした学生もいた。彼の物理的な移動距離はさほど大きくないが、思考の旅の移動距離は実に大きいと思う。

このような学生たちのチャレンジが教えてくれるのは、1年という「ギャップ」期間の使い方が実に多彩だということである。使い方については、つい、ボランティアやインターン、留学などというカテゴリーで枠づけしがちだが、私たちの想像を超える豊かな生かし方を、学生たちは自分で考え実行している。先に触れたように、秋入学を議論していた折のギャップタームに対する消極論の最大の理由は、春の高校卒業から秋の大学入学までの半年間を、18歳の学生が有効に使えるのか、という指摘だった。それに答えるエビデンス（根拠・証拠）を、この学生たちは身をもって提示してくれたと思う。もちろん、すべての学生が同じような活動をすぐにできるわけではないだろう。そこには、初等中等教育や家庭教育の課題、あるいは社会が若者をどう扱うのかという課題も出てくる。ただ、学生たちが素直に驚きをもって報告していたように、18歳を責任ある大人として扱う国は珍しくない。若者が持つポテンシャルは、日本社会でもっと信頼され、もっと期待されてよいだろう。

入学してすぐに1年間の特別休学をとるという、このFLYプログラムへの参加のハードルはたしかに高い。より多くの学生たちが、さまざまな社会経験を重ねておくことが有意義であると考え、また、そうした実績の積み重ねが、ギャップタームのあり方を考えていく上でも貴重な経験になると考えて、在学中、おもに夏季休業期間中に1週間程度で行える体験活動プログラムも２０１２年から実施した。

当時のデータしか手元にはないが、大きく、国内プログラム、海外プログラム、研究室プログラムに分かれており、最初の年度はプログラム件数は47件だったものが、翌年、翌々年には一気に110件余りとなって、全体への参加者は300名を超えている。その細かな内容を見ると、ボランティアなどの社会貢献活動（学習支援、環境保全、医療・福祉・介護など）、国際交流体験活動（サマープログラム、語学留学、国際NPO活動など）、インターンシップ（企業、官公庁、地方自治体、NPOなど）、農林水産業・自然体験、地域体験活動（地域おこし、農山漁村交流、青少年交流施設のプログラムなど）、フィールドワーク体験活動（東大附属施設でのフィールドワークや環境整備作業など）、バリアフリー支援体験活動（障碍児・者への生活・学習支援など）、研究室体験などである。こうした活動を総長として後押ししていることを、学生たちにしっかり見てもらう必要があると考えて、このプログラムの活動報告会にはできるだけ出席するようにしていた。

こうした体験活動については、参加学生たちへのアンケート調査などを踏まえて評価作業が行われており、自己理解の深化、将来への影響などでも高い値が示されている。その評価報告書の最後には次のように記されている。

「心理学や教育学等の領域では、人の生涯に亘る適応性の中核にグローバリゼーションに対する拓かれた態度なども含む社会的知性やレジリエンス（ストレスに対する打たれ強さ・弾力性）を据えて見る見方が一般化してきており、それらの発達に、どのような個人の経験が寄与するのかが、重要な研究テーマとして、近年、とみに真摯に問われるようになってきている。それこそタフでグローバルな東大生育成を目指す本事業は、これらの問題を実証的に、しかも長期的視座をもって、検討する機会を豊かに適用し得るものとも言え、そこでの知見が、東京大学における学生教育についてはもとより、広くこれからの大学教育のあり方全般に関しても有用な示唆をもたらし得ることが大いに期待されよう」と。

このようなきちんとした評価が積み重ねられていくことが、今後、体験活動を学生教育の中にどう位置付けていくかを考えていく上で、貴重なものとなるだろう。

修業年限

半年のギャップタームの期間を設けるとすると、学部学生が大学で過ごす期間は4年半と、いまより長くなることが一般的となる。それは、学生の直接的な経済的負担はもちろん、生涯賃金・年金への影響も生じうる問題である。また、とにかく早く人生のコマを進めたい人にとっては、心情的にも気になることであるかもしれない。この修行年限の問題は、秋入学という話題を離れても、詰めた議論をすみやかに行うことが必要であると考えている。そして、結論として、学部の修業年限は、基本を3〜5年のフレキシブルなものにすべきだと思う。

早期卒業に関する制度的な準備は出来ている（学校教育法55条の3）。ただ、運用が厳格なようなので、秋入学とギャップタームを導入したような場合には、大学の現場を信頼して多くの学生に対して適用ができる柔軟な運用が工夫されてよいだろう。そうした仕組みに励まされて学びの成果をあげる学生たちは多いはずだ。修業期間の短縮については、これまでもさまざまな意見が出されている。ただ、大学の収入減への懸念という議論だけは、ここでは止めてもらいたいと思う。何より優先すべきは、学生の成長である。

この問題について、「入学時期の在り方に関する懇談会」の報告書は、ギャップタームの期間について大学としての教育的関与が必要である可能性を考慮し、4月から入学という扱いにして、修学期間を実質延長するような考え方も示している。ただ、「ただし」として、「学士課程の修業年限に関する国際動向（3〜4年）に照らすならば、その延長は特異な対応となることに留意する必要があろう」とも記しており、早期卒業制度の導入や積極的な活用についても言及している。懇談会では、教育システム全体の青写真として、ギャップターム期間に始まり、進学・就職に至るまでの間、海外留学等の体験を含めた多様な学習プロセスを許容する柔軟な姿を描いていた（次頁の図表参照）。そして、その有力な手段として、早期卒業制度が位置づけられている。

その後は、秋入学の制度やギャップタームの仕組みについての議論を十分に詰めるまでの段階には至らなかったので、当時これ以上の議論は行われていないが、一方では、専門分野によって積極的に早期卒業制度を使ってほしいという要望があり、他方では就

国際交流等の学習体験を豊かにする柔軟な教育システムへ

Flexible education system to provide students with significant international experiences

秋季入学の導入による学生の進路パターン

※学部：全て秋季入学、大学院：春季・秋季併存（研究科の判断）

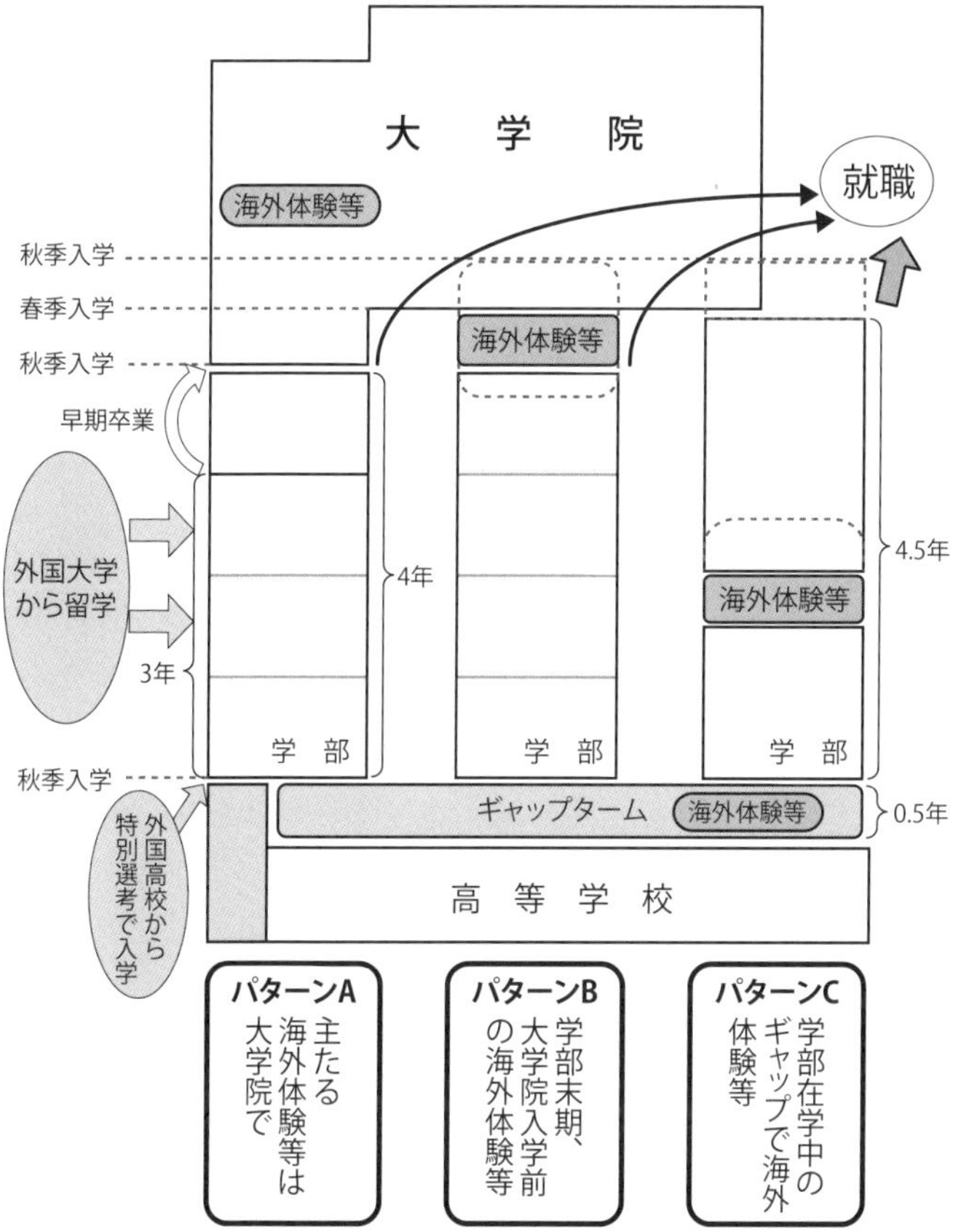

出典：入学時期の在り方に関する懇談会報告書「将来の入学時期の在り方について
——よりグローバルに、よりタフに——」

学期間が短縮された場合に教養教育の期間にしわ寄せがくるのではないかといった懸念も出されていたことを記憶している。

この問題は、学部の修業年限のみに着目している限りは、可能な選択の幅は限られてしまう面もある。大学院との接続も考慮しながら教育体制を考えるというのは、たとえば法曹養成における5年制でも例がある。大学院も1年での修学が可能なので、学生の能力と必要に応じて、学部3年＋大学院1年という進み方でもよいし、学部4年＋大学院2年でもよいというくらいの幅を持って考えることができればよい。念のために記しておけば、本書でもしばしば述べているように、大学の課程を早く終えればそれが素晴らしいとはまったく思わない。学生が自分の能力と必要に応じて大学という場を最大限に活用できるように、学びの期間に柔軟性を持たせたいというのが、こうした議論を行う趣旨である。

一般的な傾向としては、教員はより多くのことを教えたいと考えるのが自然なので、修業年限を短くするということには消極的かもしれない。ただ、東大の総合的な教育改革のなかでは、たくさんの科目を広く浅く学ぶのではなく、むしろ前期課程の修了や学部卒業に必要な単位数の縮減を行って、授業以外での自学自習時間を確保し、学びの質や量の向上を図ろうとする改革を行った。単位数の縮減というのは、これまでであればあまり考えられないようなことであるが、学びの基本的な理念のところから発想を組み直して、このような改革に至ったものである。修業年限の扱いについても、その濫用は厳に戒めるべきものとしても、形式的な年数の弊に陥らず、学生の実質的な学びを評価する仕組みに道筋をつけていくことが望ましいと考えている。

第7章

「総合的教育改革」の成果と限界

全体感を持った改革へ

「入学時期の在り方に関する懇談会」の報告書が2012年3月に出され、翌月には、いわば懇談会の後継として、役員会の下に、理事や研究科長ら16人で構成する「入学時期等の教育基本問題に関する検討会議」（以下、当時の学内での略称言い回しにならい、「基本検」と言う）が設置された。入懇が、総長からの諮問に答えるタスクフォース的な性格のものであったのに対して、基本検の方は、座長である理事の下、教育・入試・国際化に関する全学的企画の責任者や多くの部局長が基本メンバーになっていることに示されるように、学内での具体的な意思決定へのステップとなる役割を担うものだった。親会議の下には、ギャップターム、学事業務見直し、資格試験制度の三つの作業部会と、それらを統括する企画調整部会を置き、次代の大学経営を担うであろう教員（東大では、そうした人材を総長補佐として選任・育成する伝統がある）や入懇のメンバーに参加してもらった。

この頃から秋にかけては、改革の実行に向けて難しい舵取りを迫られた時期だった。春までの入懇での議論によって、秋入学構想の具体的な形が見えてきた。報道では、東大が秋入学へ向けて大きく踏み出したというトーンの記事などが溢れていた。現在の検討段階を学内外に冷静にとらえてもらおうと思い、入懇報告書を受けた私の声明では、「取組みは、1合目から2合目にさしかかることになる」と意識的に述べたが、おそらく社会的には、もう7合目、8合目くらいの感覚で雰囲気が盛り上がっていたと思う。

それは、東日本大震災を経て閉塞感がなお漂っている空気の中で、秋入学というリセット型の取り組みに対して、社会が大きな期待を持っていたことの表れでもあっただろう。「秋入学、変革のうねり 沈む日本、危機感共有」（日本経済新聞 2012年2月20日朝刊）、「秋入学は日本を救うか」（朝日新聞 2012年3月22日朝刊）といった新聞記事タイトルは、その雰囲気を表していた。

ただ、前年来の議論によって、秋入学への移行にかかわる基本的な課題の整理はでき、各方面との協議や連携も動き出し、学内の教育改革との連動という枠組みは整ったものの、同時に、秋入学への動きを前にすすめるための、いくつかの鍵となる要素が、なかなか動かないことも見えてきていた。そしてそれらの要素は、互いに絡み合い連動し合っている構造になっていた。連動し合うというのは、別の面から言えば、互いにすくみ合っている関係ということになる。たとえば、国家試験の時期の変更可能性は、どれだけ多くの大学が秋入学の構想に参加してくれるかということに依存していた。他方、国家試験の時期の変更見通しがでてこないと、多くの大学も前には動き出せないという、もっともな事情があった。どの要素についても、緩やかな前進は見つつあるものの、こうした絡み合いのなかで動きは鈍かった。

このように、進展の条件となる要素ががんじがらめでスタックしている状況を動かす方法としては、信念を拠りどころに秋入学を旗頭にして東大が単独実施に踏み出すことで強行突破を図るという、きわめて乱暴なやり方も、一つの選択だったかもしれない。秋入学は、さまざまな改革を先導する起爆剤になるということは、当初からの認識だったし、社会もそのように理解していたと思う。そうすることによって、さまざまな鍵となる要素にかかっていたロックが一気に緩んで動き出すということは、観念的には考えられないではなかった。その策を採るとすれば、この3〜4月頃のタイミングしかなかったと、いま振り返れば思う。ただ、そうした突破策は、何かある理屈と根拠があって物事が動いていく見通しがあるというよりは、賭けに近い決断になるだろうと思った。

実際、入懇報告書は単独実施を是としない立場を示していたが、それは各学部・研究科における教育の責任者である部局長たちの意見を反映したものでもあった。各部局は、教養学部のように特別委員会を設けるなど、秋入学を視野に入れたカリキュラムのあり方等に関する具体的な議論がようやく本格化しようとしていた段階にあった。そのようななかでのトップダウンは、当然に、相当に大きな組織的混乱を生むことになるはずで、今後の改革実施の過程で教育現場の渋滞が危惧され、また何よりも、学内の反対論が学外の推進論と真正面から衝突する事態になり、私がそう望んだわけではないにしても、「総長が外部の力の手を借りて強行する」という構図になることを強く懸念した。まして、私自身が、秋入学構想への取り組みがまだ1合目から2合目の段階にあると感じているところで、そうした選択をするのは、非合理的過ぎた。

ちなみに、制度上は、先にも触れたように、2008年の学校教育法施行規則の改正で、「大学の学年の始期及び終期は、学長が定める」となっている。ただ、全学的にきわめて重要な改革なので、教育の現場での円滑な実行の見通しも考えて、こうした決定の前に科所長会議などで意見を聞くことは東大の慣例である。また、国立大学法人の制度上は、法定審議機関である教育研究評議会や経営協議会、さらに最終的には役員会に諮らなければならないが、それら会議メンバーの賛否の数にかかわらず最終決定権は学長にあることになっていた。

このように、さまざまな選択について考えをめぐらすなかで取った策は、教育改革の大きな目標に関しては前向きの意見が共有されつつある状況を踏まえ、全体感を持った教育改革をすすめていくという雰囲気のなかで、秋入学に向けた進捗を生み出そうとする戦略だった。課題が山積している教育改革の実をとりつつ、その流れのなかで秋入学に向けても進む芽を見つけたい、きっかけになる動きを生み出したい、と考えた。そうした考え方を反映したのが、5月に初会合を持った基本検へ宛てた、総長所信の内容である。

そこでは、この会議で、「検討の幅をさらに大きく広げ、秋季入学の構想をめぐる諸課題を、これと関連し合う教育改革の基本問題とともに調査審議」してもらう、「秋季入学は、『世界的視野をもった市民的エリート』を育成すべく『よりグローバルに、よりタフに』学生を育てていくための教育改革の一環をなすものであり、改革の総合的な実現に向けた全体感の下に取組みを行っていかなければな」らない、と述べていた。

そして、基本検への諮問事項は次のようになっている。

1 本学における総合的な教育改革の全体工程を整理・可視化しつつ、大綱的な方針の在り方を提言すること。

2 教育改革全体の動きと連携させながら、かつ、各方面から指摘される課題を十分にかつすみやかに消化しながら、秋季入学への移行やギャップタームの導入の可能性をはじめ、望ましい学事暦及び関連する事項について検討し、基本的な方向性や新たな教育システムの実現に向けて想定されるステップについて提言すること。

3 すみやかに取り組むべき教育改革の課題を確認し、他の関連組織との連携を図りつつ、秋季入学の構想に深く関わるものを含め、本検討会議が直接取扱うことが適当と判断する事項について、必要な方策の在り方を提言すること。

可能なところから改革を実行

こうした検討をすすめてもらうなかで、引き続き、今後の改革の道行に考えをめぐらせていた。秋入学に取り組みを始めた時から、実現しないときの落としどころを考える必要は感じていた。それを役員たちへも含めて表に出すことはしなかったが、組織のトップとしてはそれは心得て当然のことだろう。ただ、そのときには、従来のやり方に戻って、「世界的視野をもった市民的エリート」「タフでグローバルな東大生」などの理念を牽引力として、建て増しを続ける「古い温泉旅館」（苅谷剛彦・吉見俊哉『大学はもう死んでいる？』集英社新書　2020年）のように、国際化を含め教育の課題を一つずつ潰していく、そのスピードを高めていくしかないだろうと、考えていた。幸いにして、前年来の取り組みをすすめるなかでは、「総合的な教育改革」ということで、東大の学部教育にかかわる従来からの多くの諸課題の解決に向けて、予想以上に大きな視野が開けてきているという認識があった。

秋入学の成否にかかわる鍵となる環境条件に相変わらず大きな変化が見られず、学内においては、個々の部局から秋入学移行に伴うさまざまな具体的課題などが提起されるなかで、９月になって、「総合的な教育改革の加速に向けて」という総長所信を出したが、そこで、「……教育改革の各方面で思い切った取組みを、逐次であれすみやかに実行していく必要性を痛感」している、と述べた。また、学事暦をめぐっても、「一日も早く学生により望ましい環境を整備する取組みを、可能なところから開始していくことが必要」というスタンスを示している。

そして、こうした取り組みを着実に推進して経験や実績を積み重ねていくことが、「総合的な教育改革に関する幅広い理解や協力を得、社会におけるすみやかな環境整備を促していく上でも有益」であるとする。つまり、まず秋入学ではなくても、出来るところから実現していく、そして、それが秋入学を含めた総合的教育改革の推進にとって好ましい環境をもたらすことになるだろう、という論理となっている。ここでは、「逐次であれすみやかに」「可能なところから開始」という表現に示されるように、きわめて現実的な路線へとシフトしていることが明確である。秋入学をなお牽引力として維持しながら、教育改革の実は確保していこうという道筋である。ただ、秋入学を後景に置いて、学内の教育改革を前面に出していくという形になるので、学内からはともかく学外の目からは、こうしたシフトの意義を理解し難かったことは、想像に難くない。

当時、秋入学について「2段階ロケット案」という言葉を内々に使っていた。つまり、まず、春入学の枠組みの下、すぐ後に見るようなさまざまな分野での教育改革をすすめつつ、秋入学へ円滑に移行しやすい形の学事暦に改め、その上で、秋入学に本格的に移行させるというアプローチである。もっとも、2段階ロケットであるためには、2段目のロケットの推進力への見通しがはっきりしていなければならないはずである。しかし、この段階での見通しは、1段目をまず飛ばしながら2段目の推進力を探していくという、きわめて不十分な設計であった。もっとも2段目の推進力が最初から見えていれば、当初から秋入学を正面に立ててすすめばよかったということにもなる。

総長を退任してからも、秋入学構想がそのまま実現出来なかった理由をしばしば聞かれた。これは何か一つの理由によってではなく、「総合的な判断」だったというのが正確である。国家試験の時期など制度変更の見通しの難しさ、他大学の同調の動きの鈍さ、もちろんギャップターム批判をはじめとする学内の反対論、それとあわせて教養学部の特別委員会などの誠実な取り組みに対する評価、ゼロかイチかではなく、私の任期中に改革を一歩でも前に進めておきたかったことなど、それらを考慮しながら、ある瞬間の判断ではなく、2012年の秋頃までの間にだんだんと判断を固めていったという感じだった。

総合的な教育改革

このような背景の下に、基本検での議論はすすめられていった。なお逡巡することはあったが、改革の具体的な実行までの過程を見通すと、私の残り任期もだんだん短くなっていくなかで、この構図でできる限り現実化していくことがベストだろうと判断した。基本検の会議の中でも、秋入学やギャップターム自体についてよりも、その将来的な可能性を視野に入れながら、改革の理念・原則にはじまり、現場での課題に応える教育の内容や方法の改善、教育制度の大枠に関する改善策をどうすべきかといった具体案に議論が集中することになった。

学事暦をめぐっては、主に部会において、懇談会が提示した秋入学のパターンのほか、教養学部・総合文化研究科からの逆提案で示唆されたパターンやGLU12の他大学で検討されていたパターンを含めて、その得失や実行可能性をめぐって細部にわたる検討が進められた。この中には、春に入学させて9月に本格始業するものや4ターム(学期)制も含まれていた。その検討の過程で、企画調整部会は2回にわたって学内の意見聴取を行っている(「中間報告および新学事暦の提案」2012年9月、「審議経過報告」2013年2月)。

基本検での検討の進捗を踏まえながら、各部局における議論も並行してすすめられ、両者のキャッチボールも重ねられた。そのプロセスの中で、とくに大きな影響力を持ったのが、教養学部の動向だった。第5章で触れたとおり、教養学部は、2012年3月の入懇の最終報告を前に逆提案を行っていたが、その後も引き続き特別委員会を設けて精力的な検討をすすめており、学事暦に関するシミュレーションは、前記の部会における検討にも反映されることになった。学事暦をめぐる技術的な議論を紹介することは本書の趣旨からははずれるので立ち入らないが、このようなプロセスを通じて、春入学の下、現行の2学期制を改め、毎年度の授業期間を四つのタームに分割して運用する「4ターム制」の導入へと意見が収斂していった。

4ターム制は、従来の2学期制に比べ、学生が学びを選択する機会を増やし、かつ、学びを深めることを狙いとするものだった。具体的には、週複数回授業などを通じて、より短い期間で密度の濃い学びをするとともに、各タームや夏季休業期間における短期留学をやりやすくする効果を期待したものである。こうした学事暦の下、カリキュラムを工夫すれば、6~7月に集中する欧米の有力大学のサマープログラムにも学生たちが積極的に参加できるようになる。現在、4ターム制は他の大学にも広がっており、学生の国際交流の活性化に効果を生み出しつつある。

こうした経緯を経て、2013年6月に、基本検は役員会に対する答申書「学部教育の総合的改革について──ワールドクラスの大学教育の実現のために──」をとりまとめる。教育改革の理念や課題についての基本認識は、これまでの検討と大きく異なる所はない。従来の「よりグローバルに、よりタフに」というスローガンは、「育成する能力・人材」として、その内容・要素が明確化された(「揺るぎない基礎学力、先端的知への好奇心」「公共的な責任感、巨視的な判断力」「異なる文化や価値観の理解・尊重」「課題の発見・挑戦的体験への積極的姿勢」「グローバルな思考と行動力」)。こうした資質を持った学生を育てたいという観点から、取り組むべき改善として、以下のように実に多くの事項が具体的にあげられている。

「学びの質の向上・量の確保」という観点からは、学習総量の確保や成績評価の厳格化、GPA(Grade Point Average 学生の成績評価価値)の活用やキャップ制の導入など、「主体的な学びの促進」という観点からは、点数至上主義の価値観のリセットを目指した導入教育の強化、少人数チュートリアル授業(個別指導)の導入、習熟度別授業などが掲げられる。また、「流動性の向上と学習機会の多様化」として、国際性を備えた多様性に富む学習環境、高度なトライリンガル人材(3つの言語を習得した人材)の育成、サービスラーニング(奉仕活動〈サービス〉と学習活動〈ラーニング〉を結び付けた教育的取り組み)の導入やサマープログラム(夏休み短期留学)の開発など、そして、「学士課程としての一体性の強化」ということで、学びを俯瞰する全学的な導入教育、学士課程の一貫性の観点に立ったカリキュラムの順次制・体系性の見直し、部局横断型教育プログラムの普及など、幅広い取り組みがアクションリストの中に掲げられている。さらに、教育制度そのものに関しては、推薦入試の導入、入学定員の適正規模化、PEAK（教養学部英語コース）の充実などの項目がある。

まさしく、「総合的な教育改革」に相応《ふさわ》しい展開が、この基本検において図られたのである。秋入学構想に始まった「問題提起がなければ東大におけるさまざまな教育課題は顕在化しなかったであろうし、その後の改革も進行しなかったであろうことは疑いがない」という見解（石井洋二郎『危機に立つ東大』ちくま新書 2020年。ただし、秋入学問題を目的と手段の逆転例とする氏の見解には、私は同意できない）には、私も同じ思いを持つ。こうした個々の項目の改革に一つずつ取り組んでいこうとすれば、おそらく変化には10年かかったかもしれない。秋入学という大きな圧力の下で、また改革への雰囲気がとにもかくにも盛り上がるなかで、否応なく長い間の懸案に向き合い、解決を図るべく動き出せたと言うべきだろう。

この間、さまざまな課題について、「こうした改革を以前からすすめたかった」という言葉を教員からたびたび耳にした。大きな動きがあったからこそ、このような教員たちの日頃からの思いを前にすすめるきっかけとなったのであり、またそうした思いの基盤があったからこそ、改革の実行はかなりの急スピードですすめることができたのだと思う。

一方、基本検は、秋入学については、次のような考え方を述べている。

「基本検は、入学時期の見直しに相応の時間を要するため、可能なところから改革を実行していく観点から、『当面の学事暦の見直しに係る方針』をまとめた。……この方針では、望ましい学事暦が具備すべき要素として、4ターム制による授業運用を積極的に導入すること等をあげた」「秋季入学については、学部・大学院の関係コースなどの拡充を図りつつ、環境整備に向けた社会への働きかけ、他大学との連携協力を強化していくことが重要である。そうした取組の成果を踏まえ、第3期中期目標・計画の期間（平成28～33年度）において、秋季入学の更なる推進に向けて必要な措置をとることが妥当である」

答申本文中には「2段階ロケット」という長期戦略は必ずしも明確には示されておらず、別紙に位置づけられた企画調整部会の資料「学部教育の総合的改革における学事暦の在り方」中の概念図として掲げられるに止まった。

秋入学の旗は降ろさないということではある。しかし、秋入学先送りの姿勢は鮮明である。この段階では、秋入学を旗印にしてさまざまな改革を牽引していこうとする私のシナリオは、教育の内容や方法をめぐる改革は相当程度に実現しつつあることと引き換えに、旗印そのものは見えにくくなってしまうという状況になっていた。

ちなみに、この基本検の答申の大きな特徴は、こうした教育の内容や方法、学事暦に関する提言をするだけでなく、今後の改革の実行に向けた具体的な検討を行っていたことである。項目だけあげておけば、①教育改革に向けた全学体制の構築、②部局における取り組み、③総合的な教育改革に係るリソース（資源・資産）、ということになる。つまり、この基本検は、改革を議論から実行段階へとつないでいく導水管の役割を果たしたことになる。いくら改善策が数多くあげられたとしても、このように改革の実行への具体的な道筋と担保が示されていなければ、私は答申の内容に納得できなかっただろう。立派な報告書だけはできても棚ざらしにされるという、よくあるケースとは異なり、基本検のメンバー、そしてこの会議の運営を支えた教職員たちは、本当に真剣に、改革の必要性を理解していたのだと思う。

この答申を踏まえ、2013年7月の役員会において、「学部教育の総合的改革に関する実施方針」を定めた。また、その実施体制として、総長、理事、副学長、部局長等からなる「臨時教育改革本部」の設置などを決定し、私の残りの任期2年弱を、この膨大なカタログに掲げられた改革を実行していくのに注力することになる。

「未完の改革」

このように、秋入学移行についての歩みは止まったものの、幅広い場面にわたって教育改革は大きく進んだ。この改革が、学生について指摘されてきた課題を克服するために持つ意義は、きわめて大きいと思う。それでは、秋入学構想というものは、こうした改革によって代替されたのだろうか。もはや秋入学構想を語る意味はないのだろうか。私はそうではないと思う。それは、学事暦が国際標準になっていないから、といった形式的な理由ではない。

4ターム制という形が将来、秋入学移行へ向けて生きてくるかどうかは、今後の大学の方針次第という、賭けのようなところがあると思っていた。東大が今後、本気で学生の国際化を進めようとすれば、その足掛かりとしての布石は打ったと考えてはいたが、4ターム制の経験を生かしてさらに秋入学にまで道筋をつけていくことは、次の世代には荷が重すぎるだろうというのが率直な観測だった。秋入学への道行を妨げていた国家試験や大学間の連携などは、まだ大きな障害のままだった。というより、東大がまず大学の中の改革を優先する方針をとったことによって、国も他大学も安心し、熱気も冷め、こうした障害はさらに大きなものになっていたと言うべきだろう。

また、東大は、教育面だけでなく、研究面、経営面など多方面にわたる課題を抱えている。歴代の総長を見ると、前任者の仕事をそのまま引き継いでいくというよりは、各総長ならではの力の入れどころを見つけて奮闘し、その結果として、東大の総合的な力がバランスよく引き上げられていくという歴史を持っている。

秋入学については、このように、なお大きな障害があり、また、学生教育の強化に向けた改革がかなり実現されたからもうよいではないか、という意見もあるだろう。しかし、それは、秋入学構想が、国際化はもとより、学びのあり方や人びとの生き方に対する、あるいは社会の価値観に対する意識の転換を促すメッセージであったという、重要なポイントを見逃している。そのポイントは、見え隠れしつつ、社会が正当にも東大の秋入学構想に期待していたものであると思う。一大学の学内改革で落ち着いては、世の中的にはさほどの意味はないのである。ここには、大学教員の感覚と社会における期待との大きな落差があり、私もそこに挟まれて、もがいていた面もあったという気がする。

とはいえ、言葉を足しておけば、秋入学構想で社会改革そのものを目指したというわけではない。国際化も含め学生の力をさらに刺激して眠っている力を引き起こすことによって、学生たちが将来、知的に、精神的に、より豊かな人生を送れるように育てたい、そして社会に対してより大きな貢献ができるようにしたいというのが、基本となった思いである。ただ、そうした学生を育てるには、それを応援し支援する社会の仕組みや意識が要る。また、そうして育てた学生の資質を受け止める社会の仕組みや意識がないと始まらない。社会の変化と連動しないと学内の改革は十分な意味を持ってこないし、生かすことはできないのである。これが秋入学構想の本質的な構造である。

これらを承知の上で、それでも一歩前に進めようとしたのが、総合的教育改革である。学事暦を変えて入学時期を秋にすること、これが実現できなかったことには、さほど残念な思いは実はない。学生の国際的な流動性それ自体は、4ターム制をうまく活用して学生をエンカレッジ（勇気づける）するという、大学の積極的な意欲と取り組みさえあれば、相当程度に高めることが可能なはずである。事実、そのように活用している大学も増えてきている。また、教育の内容や方法の改革は、かなりの程度に実現し定着しつつあると思う。残念であり、また失敗したと思うのは、教育改革と連動した社会の改革、しかも意識の改革という、秋入学構想の本質部分が実現できなかったことである。この意味において、秋入学構想は、なお「未完の改革」であると言うべきだろう。このことについては、この後の2章でさらに触れたいと思う。

優秀な学生への対応

秋入学から総合的な教育改革へと展開していくなかで、秋入学という言葉の陰に隠れてさほど注目されなかったが、私が教育における考え方の転換の一つと考えていたのは、優秀な学生への対応というテーマだった。

「入学時期の在り方に関する懇談会」の報告書には、「今後の教育システムの在り方」の中で、「優秀な学生への対応」ということで一項が設けられている。この項目が設けられた理由は、秋入学、ギャップタームの導入によって、高卒から就職までの期間の長期化が「一律に生じることは、個を尊重した対応という観点からは好ましいと言いがたい」という点にあった。対応策として、「優秀な学部学生を対象に、早期卒業制度の適用をはじめ、大学院教育への早期のアクセスを認めていく」という提案を行っている。

ただ、こうした問題解消型の対応策というだけでなく、「個を尊重」という立場に立てば、より積極的に、優秀な学生をさらに伸ばすための教育システムが設計されるべきではないかという思いが残っていた。教育システムにおいては、公平性は一つの重要な原理であり、そこには理由がある。しかし、そのことが、〝優秀な学生の力をさらに伸ばす〟という仕組みの足かせとなるようではいけない。基本検の答申の中では、教育のあり方全般について幅広く検討をくわえるなかで、習熟度別授業の導入も提言され、英語教育において実際にスタートしている。

また、2014年度から本格的にスタートしたグローバルリーダー育成プログラム（GLP）も、こうした教育改革の中から生み出され、大きな成果を生み始めているものである。このプログラムの目的は、文字通りに、日本という枠を超えて世界のさまざまな領域で先導的な役割を果たす人材を育成することにある（詳しくは、苅谷剛彦・吉見俊哉『大学はもう死んでいる？』を参照）。学部前期課程で行われるGLPIと後期課程で行われるGLPIIの二段階に分かれており、前者では、日本語・英語にくわえて中国語を始めとする三カ国語を使いこなせる教育をするトライリンガル・プログラムやグローバルな視点を養う教育などを行う。そして、後者では、グローバルリーダーとしてのグローバル教養と実践的課題解決力を身に付ける分野横断型の特別教育プログラムを提供して、選抜により海外有力大学のサマースクールへの奨学金付き短期留学も可能にしている。GLPIでは、入試での英語成績最上位層の学生から履修者を選抜しているが、高い競争率であると聞く。

推薦入試

推薦入試（2021年度から「学校推薦型選抜」に名称を変更し、1校あたりの推薦人数も増員する）の問題にも少し触れておこう。入試のあり方は、その性格上、秘匿性も要するために、全般的な教育改革の枠組みとは別に議論されてきたが、基本の精神は共通しており、総合的教育改革の一環としての位置づけを持っていた。学生の多様性という観点から、総長就任前からの私の大きな関心事でもあった。平成28年度（2016年度）入学者選抜から導入された推薦入試は、「自ら課題を発見し、創造的に解決できる人材を見出し育てる」ことをうたっている。従来型のペーパーテストで選抜される学生に加え、こうした異なった選抜方法をとることによって、より多様な学生構成が実現されて学部教育がさらに活性化することを、大学として目指していた。

募集人員は、100人という小さな規模であるが、高校在学中の多様な成果や外国語能力や留学経験・社会貢献など実績を示す多様な資料や面接、大学入試センター試験の成績などを総合的に評価して選抜が行われるが、求める学生像や提出書類などを具体的なものとするために、一般入試と異なり学部ごとの選抜方法がとられていることが大きな特徴である。この推薦入試で選抜された学生には、入学後も早期に専門教育に触れる機会を提供するなど、その特性に配慮をした教育が行われることになる。こうした選抜の手法は、かなりの手間ひまを伴うものではあるが、この成果を検証しながら、規模の拡大や、さらに、ペーパーテストの点数だけを基準とするのではない新たな入試のあり方を考えていく、重要な第一歩となるものと考えていた。また、個人の能力に応じた教育方法の多様化という観点からも、大学として新しい経験を重ねていくことになるだろうとも思った。

総長離任後、この制度によって、将来は国際機関で働きたいという、県立高校出身の全盲の女子学生が合格したというニュースにも接した。東大が、こうした多様性に富んだ学生たちが切磋琢磨するキャンパスとなっていくことを願っている。

第8章

社会の何が問い直されるのか

社会運動としての秋入学

秋入学への取り組みをすすめていた当時、これは「社会運動」ないし「社会プロジェクト」だと語ったことがある。大学だけで取り組むのではなく、社会を巻き込んだ動きにする必要がある、ということである。繰り返し述べてきたように、秋入学構想は、大学の中だけの改革に留まらず、社会のさまざまな仕組みや習慣、価値観にも変革を迫るものである。社会の中での変化が起こらなければ、大学での改革の効果は減殺《げんさい》されることになる。のみならず、大学での改革は、社会の後押しを受けることができずに、挫折してしまうことにもなるだろう。いくら「タフな東大生」を育てても、議論好きで大胆過ぎる「うざい」若者としてしか社会で扱われなければ、手をかけて育てた意味がない。社会の方にこうした若者を育て応援していこうという積極的な意欲と実践がない限り、意味のある変化は起きない。

一般的に大学での教育と社会との間につながりがあることは、暗黙知と言ってもよいようなものであるが、目に見える形としては、「グローバル人材の育成」というテーマが分かりやすい。今日のグローバル化が進行する社会においては、国際性を備えた人材が必要だというのは、言葉は違え、すでに「教育面での国際化」をうたった臨時教育審議会答申以降、繰り返し指摘されてきたことである。何と40年近く前からである。ただ、社会は、この長い余裕の間に、本当にグローバル人材を育て、受け容れ、評価する態勢を十分に整えてきたのだろうか。大学の動きの鈍さは否定しない。しかし、否応なくグローバル化の動きにさらされている企業の対応は別として、社会の側の動きの鈍さもまた指摘しておかなければならない。

私の在任中、「内向きの学生」「安定志向の学生」に対する批判は強かった。しかし、これを若い人たちの責任にするのは間違っている。海外に飛び出したり、さまざまなチャレンジをしたりすることを励まし、失敗することも褒めて受け止め、再チャレンジを応援し、あるいは机の前の学びだけでなく、社会でさまざまな体験を重ねる機会を設ける、そうしたことができる日本社会であるのか。そこが問われているのだと思う。学生の教育に責任を持つ者として、社会が一緒になって学生を育てていくという動きを生み出していくことが不可欠だと、つくづく感じていた。

言うまでもなく、大学が社会のあり方を変えることそのものを目的とするわけではない。学生のあるべき姿を大学が考え、そうした学生を育てるためにいかなる社会的な条件が必要か、またそうした学生を生かすために社会のいかなる姿が望ましいのか、その観点から社会に対して働きかけをし、社会と手を携える、ということである。それは、学生の教育に対して、また教育への社会的期待に対して強い自覚を持つべき大学が、果たすべき責任だろう。先に触れたグローバル人材の育成に関しては、大学と産業界との間で協議や連携が行われる機会も多く、プチ社会運動的な要素が含まれていたとも言える。しかし、この話題一つとっても、議論にくわわる関係者は限られており、また、仕組みの変化や意識の変化もその範囲内にとどまり、言葉はともかくその実質において社会的に広く共有されなかったことが、グローバル人材の育成について同じような議論がいつまでも続いてきた大きな理由だろう。そうした堂々めぐりからのブレイクスルーを生み出そうとしたのが、秋入学構想である。

一般的に大学という組織が意識的に社会運動にかかわるべきなのかと言えば、基本的には消極に解すべきだろう。大学は、その研究成果を通して、また個々の教員の活動を通して社会にかかわるというのが通常の形である。ただ、大学の自治や学問の自由が損なわれたり、あるいは大学の社会的な機能が脅かされたりするような状況にあっては、防御的に社会運動的な動き方が求められることはある。

たとえば、大学の運営費や研究費について国の予算の大きな削減などの動きがある場合には、政治や政府への働きかけがまずなされるものの、社会の理解を得て社会と歩調をともにすることができれば、それがより望ましい姿であることは、言うまでもない。また、最近では、たとえばＳＤＧｓ（持続可能な開発目標）のように、一種社会運動的な広がりを持つものに大学がかかわることがあるが、このように、内容がいわば人類として合意できるような理念的なもので、企業や自治体なども広く含めて社会的な標語のようなものになっている場合には、格別の問題はない。教育と研究にくわえ、大学の第三の使命として社会貢献が位置づけられていること（教育基本法第7条）からも、こうした認識は妥当だろう。いずれにしても東大は、大学憲章という組織の憲法ともいうべき基準があるので、基本的には、それにのっとって判断をしていくことができる。

「寄り道」の評価

社会の意識が変わることが期待される一つの大きなテーマは、「寄り道」の評価である。秋入学構想で提起されたギャップタームの考え方は、まさに寄り道をすることの意義を認める発想にほかならない。留学経験などの価値も認識されるようになってきた昨今だが、それでも、まだ、留学するよりも早く就職をという、一種の慣性ないし強迫観念のようなものが、家族という小さな社会から企業という大きな社会の中にまで根強く残っているように感じる。

たしかに、これまでの日本社会の仕組みや意識を前提にすれば、そうした考え方にとらわれることは無理もない。寄り道をせず、一本道をとにかく早く進んでいくのが優秀だということと錯覚してしまう。もはや伝説的だが、たとえば外交官試験なら学部3年でパスして中退して職に就くというのが、エリートの一見本のように語られた時代もあった。日本社会がつくり出してきた、そういう発展途上型のモデルを崩していかないと、社会の成長は止まることになるだろう。戦後日本の急速な高度経済成長を支えたのは、このモデルだったと思うが、同時に、いまの国力の伸び悩みの主要な一因もこのモデルである。日本の社会では、とにかく早く次のステップに進むのがよいとされてきた傾向がある。これは、明治維新以降の、そして敗戦以降のキャッチアップ（追い付き、追い越せ）を目指し続けた歴史の中で、日本人に染みついた習い性になってきているのかもしれない。このモデルにいつまでもしがみつくことは、個人にとっても社会にとっても不幸をもたらすような、変化の大きい時代に入っている。

こうしたモデルを支えてきた終身雇用制や年功序列制も、崩れつつある時代である。寄り道もして、考える時間を持ち、日頃とは異なった体験をし、違った角度からものを見るというところから、多様な考え方や創造的な発想が生まれてくる。精神的な余裕を持ち、どんどん人生の幅を広げていく人たちの増えることが、これから起伏に満ちた変化を経験していかなければならない日本社会に求められるだろう。

もちろん、他の世界には目もくれずに、一つの事柄や場に集中して生きることが幸せだと考える人もあってよい。学問研究という分野や職人芸の世界などで、そうした人たちが高い成果をあげることもある。ただ、たとえばノーベル賞受賞者一つをとってみても、必ずしもそういう人たちばかりとも思えない。一般的には、多様な経験の中で、自分とは何か、自分の能力はどう生かせるのか、自分が社会とかかわりを持つとはどういうことなのか、そうしたことを考える時間がある方がよいという人は多いだろうし、そうした人が多い社会の方が変化に対して柔軟であると思う。

私の高校時代の恩師の言葉に、「横道にそれてもいいじゃないか」という一文がある。その教育実践は、「スロー・リーディング」という観点からもしばしば評価されていた（橋本武『一生役立つ学ぶ力』日本実業出版社　2012年）。つまり、文章を読むときに、たくさんの「寄り道」をしながら、「横道にそれながら」、関連する知識の幅と奥行きを広げていく、あるいは言葉を自分で使いこなす、頭で学ぶだけではなく肌感覚で身に付ける、というところまで持ってくる。勉強というのはどうしても、目の前に置かれた課題をどう早くこなすか、どれだけの量をこなすか、ということに追われがちである。しかし、思い切って、無理矢理にじっくりとした時間的な余裕をつくり出し、本筋からは離れた周辺の学びもすることで、学ぶ内容の質が深まっていく。また、「学ぶ」ということに対する面白さを知る、もう少し自分で調べてみようというきっかけも広がってくる。主体的な学びが始まる、と言ってよいだろう。

残念ながら、多くの現実はそのようになっているとは言い難い。かねて高校教育をめぐっては、日本特有の問題点として、大学受験準備のために文系・理系の選択を早くから生徒に強いることが挙げられてきたが、これも「寄り道」や「横道」を許容しない、効率性重視の表れだろう。もっとも、これは、高校の責任というより、大学の入学選抜のあり方、大学での教育のあり方の問題と深く関係している。

「寄り道」や「横道」の大切さは、中学校、高校などでの学びの過程だけでなく、大学における学び、人生における学びにもそのまま当てはまる。多くの知識を効率的に学ぶだけでなく、自分の頭で分析的に、あるいは創造的にものを考えていくことのできる力が、これからの日本社会に求められている。そのためには、一見無駄、あるいは回り道と思えるようなことを、学生たちが経験することが大切だろう。教室の中で、教員と学生との間で双方向的な授業や議論を中心とした授業を行うと、知識を教え込むという意味での効率は落ちる。しかし、議論があちこちに飛ぶなかで、学生は、より幅の広い知識や多様なものの見方を学び、自分で主体的に考えること、そしてそれを表現することを身に付ける。

日本の高い教育水準を考えれば、学生は海外に出かけるよりもむしろ国内で学ぶ方が、知識の学び方としては一見効率的かもしれない。ボランティアなどに出かけると、学習の時間が少なくなってしまうように見えるかもしれない。しかし、「寄り道」をするかのような、そうした教室外での経験は、異なったものの見方や価値観を知る、自分とは違った生き方を知る、あるいは知識が現実にどのように生かされていくのかを知ることで、さらに知識を学ぼうとする動機づけになり、あるいは多様な考え方や創造的な発想を促す刺激ともなるはずである。

重要なことは、個人としてこうした「寄り道」の機会を意識的に設け、活用することはもちろん、それを社会が意義あることと認めて応援することである。そして、そのための仕組みを、たとえば人事採用やリカレント（社会人が大学院などで最新・高度の知識・技を習得する）教育の場などで、しっかりと整えることである。こうした議論をするときには、あちらで条件が整わないから出来ないと、教育の場と社会との間で鶏と卵のどちらが先かの状態になって、結局動きが止まってしまうことは少なくない。それを避けるためには、大学も社会もともに手を携えて前に出るという行動をとる必要がある。若者が隙間を持たずに早く社会に出ていかなければという思いを持つ背景には、家庭や社会の意識のありようも大きい。こうした環境を変えようという社会の積極的な思いと動きがなければ、いつまでも窮屈な早上がりの構図を抜けきれないだろう。それは日本社会にとって大きな損失となる。

「公平性」を疑う

日本の社会を変化に対応しにくくしている一つの要素は、公平性という意識であるように感じる。秋入学という取り組みは、直接に公平性の問題にかかわるわけではない。しかし、学生の課題として指摘されている点数至上主義への偏りというのは、学生の意識の問題だけではなく、入学選抜の場面における、点数を絶対とする形式的な公平性のシステムと表裏をなしている。ペーパーテストの点数によって合否を判定することが公平性の極致とする社会通念は、確かに根強い。それに倣うことが、大学にとっても安全な選択である。しかし、「いまあるものを疑う」という姿勢は、公平性という言葉にも向けられるべきだろう。学生の点数至上主義的な傾向を大学での教育を通じて是正していくことを、東大の総合的教育改革は目指したが、今後のあり方を中期的な視野で考えていくと、学生のそうした意識を生み出している、点数による選抜方法そのものも相対化していく方向を探っていく必要がある。

誰にも公平な社会を目指すことは当然であるが、現実には「格差社会」と呼ばれる状況が生まれつつあり、公平性という社会理念が空洞化していく兆候が見え始めている。先にギャップタームの活用をめぐる経済的格差のところでも触れたように、根っこにある公平性の問題に触れないままに、現象的なところでの公平性に神経質になるという傾向が気になる。

とくに、選抜試験の点数における公平性というのは、背景にある社会的格差を覆い隠す役割を果たす。過去においては、その役割が、社会的に現に存在している格差にもかかわらず実力のある若者を引き出し、階層的な流動性を促す、つまり、より公平な社会を生み出していく動因となってきた。しかし、受験競争の過熱のなかでは、受験までに至る過程に経済的格差がより強く影響し、結果として、選抜試験の点数にも経済的格差が影響を与えるようになってきていると考えるべきだろう。また、経済的格差にとどまらず、性別や家庭・地域等の環境の違いが大学進学にもたらす影響の大きさも看過すべきではない。過去の日本の状況とは異なり、点数における公平性が現実の不公平さを覆い隠し、格差や差別を再生産する兆候が出てきていることを、深刻にとらえておく必要がある。

その解決策はとても難しい。あえて大胆な提案をすれば、「難関」と称される東大のようにペーパーテストの点数を重視する大学の場合、その比重を下げて、点数だけによらない選抜の余地を広くすることが、経済的格差などの影響を少しでも緩和する役割を果たせるだろう。比較的に用いやすい例で言えば、点数に基づく選抜は、大学入試センター試験（2021年度選択からは「大学入学共通テスト」）における一定のレベルの点数を要求するにとどめる、ということである。そして、一定の点数を得た者からのさらなる選抜は、大学が多様性に富む学習環境を提供するという教育的な観点から「欲しい」

学生をとる、という方式である。その際、大学の実情や目指す学生構成のあり方を踏まえ、たとえば、女子学生の枠を設けるといったアファーマティブ・アクション（積極措置）的な手法も採用すべきだろう。

総長離任の直前に、教職員・学生における女性の活躍推進のために、タスクフォースを組んで「風穴プロジェクト構想」を提案してもらった。そこには、入学選抜において合格点数ライン周辺の一定範囲においては女子受験生を優先的に合格とする、具体的な提案も含まれている。学部入学者に占める女子学生の比率が20％にいつまでも満たないという異常な状況を、これ以上続けることは、学術面で日本を代表する東大にいかにもふさわしくない。この20％という数字を海外の有力大学の学長たちに話したら、「公平な入試をやっているのか」と真顔で聞き返されたことを思い出す。もし私が総長として、秋入学の次に何をやりたかったかと問われれば、さまざまな格差や差別に配意した、一般入試の抜本的改革だと答えただろう。もちろん、ここでも、大学の取り組みだけでなく、社会の意識改革も強く求められることになるが、社会の保守性を弁解理由とすることは大学の恥である。大学がイニシアティブをとって社会の変化を促す「風穴」を開けることが、いかにも未来を切り拓く大学らしい行動であると思う。

言うまでもなく、ペーパーテストの点数によらない選抜方式の仕組みや合理的な理由は、あらかじめ公にされておかなければならない。こうした考え方は、東大で2013年に導入が発表され、2016年度入試から始まった推薦入試でも、部分的ではあるが取り込まれている。そこでは、点数での選抜は、センター試験で一定の点数をとることだけである。推薦入試という、ある分野で卓越した能力を評価する選抜方式であるが、教養教育をはじめ、大学として提供される授業を幅広く履修できるだけの基本的な能力は、入学者に備えておいてもらわなければならない。それを評価するのが、センター試験での一定の点数ということである。卓越した能力を磨くにも経済格差が影響するではないかと言われると、ここはさらに検証してみるしかない。ただ、ここで大事なことは、ペーパーテストの点数という意味では、センター試験における一定の水準だけで授業の履修能力があるという判断をしていることで、ここに、選抜の仕組みを柔軟化していくための「風穴」の一つは開けられたと思う。

このように語りつつ、なお逡巡がないわけではない。しばしば受験界でも言及されるように、東大の選抜試験の問題は、たしかに難しいが、珍問奇問の類ではなく、優れた教員たちが大変な努力を重ね神経を使って作成されている好問題である。それによって、受験生の知識の多さだけでなく、思考する力、分析する力、論理的な力、表現する力などを確認することができるようにと、作問にすさまじいまでの精力を注いでいる。そうした努力を支えている背景には、自分たちが初等中等教育の水準を維持する一翼を担っているという自負心もあるようだ。それに解答できるようにと、受験生たちは学びの努力を重ねるなかで、よい意味で知的な力が鍛えられてきていることは否定できないと思う。東大を実際に受験するかどうかは別にして、こうした問題で鍛えられる受験生は少なくないだろう。また、入試問題は、大学がどのような学生を欲しいと思っているかというメッセージだとする意見も、無視しがたいものがある。

ただ、それでも、本来の教育を通じてではなく、入学選抜のための問題によって高校生たちの能力を鍛える、あるいは教育水準を保つという構図に対する違和感は、どうしても拭えない。そこで、公平性という言葉が果たしている役割も気になる。おそらく公平性をめぐる本当の落着点は、入学選抜試験という場だけに視野を限るのではなく、大学での教育の過程全体を通した仕組みの中に見出すことができるのだと思う。公平性というのは魅惑的な言葉であるだけに、その言葉を使うだけで安直に満足しないように注意が肝要である。公平性が機能する条件や限界をより深く考えていくことで、この大切な価値を本当に生かせる社会を目指さなければならない。

教育における公平性というのは、試験における評価の公平性だけではなく、人の能力を公平に育てるという観点からも考えていくことが求められる。学内外を問わずさまざまな学びの場を用意して、一人ひとりが持つ多様な能力に伸びる機会を提供できるように、またそれぞれの能力が社会的にきちんと評価されていくような環境が生み出せるように、大学が社会とともに協力していくべきだろう。それが、公平性という言葉を教育の場で本当に生かしていく王道なのだと思う。

若者は「役に立たない」か

よく聞いてきた大学教育に対する批判に、新入社員が役に立たない、大学ではいったい何を教えているんだ、という常套句がある。東大では、毎年、学部を卒業する学生を対象に調査が行われているが、大学時代を通じて何を身に付けたと思うか、とアンケートをした結果（「2018年度　大学教育の達成度調査報告書」）では、「社会に出てすぐに役に立つような知識やスキル」について、身についた10％、まあ身についた37％、あまり身についていない38％、身についていない9％、という数字が出ている（こうした結果は、後述のデータを含め、秋入学構想を議論していた当時と大きな違いはない）。これを見ると、外部からの批判はまったくの的外れとは言えないようにも見える。問題は、大学が、すぐ役に立つような知識などを教える場か、ということである。

「すぐ使える知はすぐ使えなくなる」というのは、折々語られる言葉である。私は、秋入学構想の折にしばしば励ましを受けていた慶應大塾長の清家篤氏からよく聞いた。限られた専門知識を頭に詰め込んでも、それが実際の場で使えるのは、通常は限られた期間だけだろう。いわば、「死んだ知識」である。むしろ、学んだ知識やスキルをベースに、新しい事柄に応用していける力、さらに新しい知識やスキルを生み出していける力を養うのが、大学としての本領である。「生きた知識」を学んでもらうということである。興味深いことに、同じアンケート調査で、「問題を設定して、体系的に分析する能力」については、身についた21％、まあ身についた56％、あまり身についていない15％、身についていない3％、となっている。これは、「生きた知識」が身に付いている証拠の一つに間違いないと思う。

ＡＩの発展により、人間が担う仕事が大きく減るとされるなか、「問題を設定」する力、さらにはそれを駆動する批判精神は、決してＡＩに代替されるものでない。それを生かせるか殺してしまうかは、企業の才覚次第である。「使えない」という批判は、企業が効率化や人事研修体制の変化のなかで、若い人たちを育てる力、育てる余裕がなくなってきているがゆえに、声高になってきているのだろう。育てる力や余裕がないところに即戦力だけの学生が入社しても、その企業の体力はすぐに弱ってくるはずである。ここは、企業がもう一度、自分たちでも育てるという覚悟、そのために懐の深さを備えるという覚悟を決めないことには、悪循環は止まらない。いま「新入社員は役に立たない」と言っている当人たち自身も、たしか入社当時は「役に立たない」と言われていた世代だよなあというのが、少々長く生きてきた私の友人たちとよく交わす会話である。

こうしたさまざまな議論を通じて、「役に立つ」「使える」ということの意味内容について、企業と学校、さらには行政との間で認識のギャップがあるのではないか、と感じることもしばしばある。教養や批判精神、人文社会科学の価値については、次章で述べることになるが、たとえば、2015年には文部科学省の通知をめぐり、「文系学部廃止」というセンセーショナルな報道や議論が生じた。その根本問題は、文系は役に立たないという「常識」が広く国民一般に成立し、そうした思い込みの上に十数年来の政策が講じられてきたことにあると見られる（吉見俊哉『「文系学部廃止」の衝撃』集英社新書 2016年）。一方で、経済界は、幅広い教養を身に付け、人文社会科学を学ぶ重要性について発信しており、食い違いを示している。また、最近では、企業からも期待される「使える」コミュニケーション能力を、どのように育成するかが、言葉の教育をめぐる議論のテーマともなっている。高校の国語教育において、実用的な「論理」と「文学」とを区別し、あたかも文学を学ぶことが論理的思考力の育成に寄与しないかのように扱う動きに対し、東大の文学部の教員などアカデミアは批判の声を挙げており、企業関係者にも疑問視する向きがあるようである（東京大学文学部広報委員会編『ことばの危機』集英社新書　２０２０年）。

大学としては、こうした議論の混迷から抜け出すために、産・官をはじめ社会全体との対話を通じ、自らの役割を改めてはっきりさせていく必要があるが、いずれにせよ、即戦力というよりも、幅広い学びを通じて教養と批判精神を身に付けた鍛えがいのある若者を教育することが、大学の役割の根幹である。もっとも、そうした若者の育て方として、今日、学内での授業だけで十分かというと、そうではないと思う。確かに、教育の方法・内容については、世の中の人たちが考える以上に教員たちも絶えず改善を重ねてきているし、また東大の場合は総合的な教育改革を通じて、より洗練された教育を提供できる体制になっている。ただ、そこではどうしても、概念と論理を中心とした学びとなる。そうした学びをできるのが、大学だからこその強みであると同時に、限界ともなる。その限界を乗り越えるのが、学外での、さらには国際的な環境での、さまざまな体験である。

日本の企業が、「役に立たない」と思い込んでしまう一つの理由は、教科書的な意味での知識の不足というよりは、社会経験に裏付けられた知的な能力の不足ということも大きいだろうと、私は考えている。こうしたことも含めて、社会と大学双方の間で、お互いの役割を理解し協力し合う関係ができなければ、「使えない」という、誰もが不幸になるような言説はなくならない。そうした悪循環を壊す可能性を持つのが、秋入学構想に始まる思い切った教育改革の取り組みの中で、学生たちが多様な学びをすることの結果として示される、実績である。

第9章

道を切り拓くもの〜ポストコロナ時代の大学

内発型の「ショック」を

新型コロナウイルスの感染拡大から、休校措置がもたらした学習や学校生活の遅れへの対応として、高校生たちが9月入学の可能性について声をあげたとき、それを支持する意見を述べた一部の知事たちの発言に、「パラダイムシフトとして、大胆に社会全体のシステムを転換するとき」「こういう時期だからこそできる」といった言葉があった。それは、9月入学論に対する反発を呼ぶ理由ともなった。

とにかく目前で困っている生徒たちを助けなければならないのに、時間をかけた丁寧な社会的議論が必要な話をどうしてするのか、という批判である。まずは子どもたちのためにに、すぐ何ができるかを考えて注力していくことが必要だと、私もそのように考えた（日本経済新聞　2020年5月2日朝刊、朝日新聞　2020年7月7日朝刊）。しかし、同時に、知事たちがこうした言葉に表れたような発想を反射的にすることは、社会全体の将来のあり方について日頃考えている立場からすれば、分からなくはないとも感じた。

こうした発想は、「ショック・ドクトリン」の典型例として批判されることがある。この言葉は、「惨事便乗型資本主義」という用語とセットにされることがあるように、もともとは、大災害や戦争など深刻な危機の到来に乗じて、人びとがまだそのショックにたじろいでいるうちに、自由市場政策を一気に定着させようとすることを指す（ナオミ・クライン著　幾島幸子・村上由見子訳『ショック・ドクトリン』〈上・下〉岩波書店　2011年）。より広く、ショックを利用して民主主義的な手続きを回避しようとする動きの場面でも、用いられる言葉のようだ。9月入学論の場合は、資本主義的な動機とは連動しないが、社会が緊張し混乱しているときに大きな改革を一気に進めようという考え方である点において、この用語を用いた批判が、正当にもなされたのだろう。

むやみに大きな議論を持ち出すことは、さしあたって必要な具体的な救済策をとる力や意識を分散させてしまうリスク、また、冷静な議論を欠いたまま大切な物事が間違った方向へ雰囲気だけで進められてしまうというリスクを持っている。そのことへの強い警戒を意識しつつも、同時に指摘しておかなければならないのは、平常時に戻れば人びとは日々の生活に追われて、長期的な目で根本的に求められる変革のことは考えなくなるというのが、一般的な現象だということである。

２０１１年の東日本大震災の頃を思い出してみよう。あの惨禍がもたらした大きなショックを前にして、これからの国のあり方をもう一度考え直さなければならないという機運が社会に高まっていた。また、福島の原子力発電所の事故を受けて、「科学は敗北した」という言葉にも象徴されるように、科学のあり方そのものも厳しく問い直されていた。それに対して多くの人びとや研究者が、当時は真摯な思いを持って向き合おうとしていたと思う。実に多くの言説が飛び交った。社会の仕組みや価値観、私たちの生き方、科学の姿勢やあり方、そうしたものを根本的に見直すなかで、日本社会の再建を図らなければならないという空気がそこにあった。

震災発生からほぼ1カ月後、東日本大震災復興構想会議がスタートするにあたって、「単なる復旧ではなく、未来に向けた創造的復興を目指していく」という言葉が閣議決定にも盛り込まれ、復旧にとどまらず、新たな社会や文明をつくり出さなければならないという雰囲気が充満していた。それから10年近い歳月を経るなかで、確かに変わったものはあったと思う。しかし、社会の仕組みや意識に至る根本的な問いかけに応えようとする機運は、いつの間にか薄れてしまったという印象を私は受ける。

「ショック・ドクトリン」の陥穽《かんせい》には、注意してもし過ぎることはない。しかし、ショックは、日頃考えることをなおざりにしてきた根本的な問いかけを浮上させ、それに向き合わなければと人びとの意識を掻き立てる機会となることは否定できない。あるいは、求められつつも遅々としてすすまない改革や変化を、一気に推し進める効果がある。大きな話で言えば、歴史上、ヨーロッパで14世紀に大流行したペストが、中世の崩壊の動きを加速させたとする見方はしばしば指摘されている（村上陽一郎『ペスト大流行』岩波新書　1983年）。激しいショックの中で、人びとの思考が慣習から解放される、だからこそ変化が急激にすすむのだろう。

「ショック・ドクトリン」なしで根本的な改革をしようとすれば、気力の持続と長い時間が必要である。日本の大学の国際化をとっても、確かにこの数十年の間にすすんできていないわけではない。そうした漸進《ぜんしん》的な変化の方に人びとは馴染みやすいし、何となく取り組みをすすめている気分にもなる。ただ、私たちが東大で秋入学を提起した時点でも、これ以上遅くなるわけにはいかないという切迫感に突き動かされていた。当時の新聞各紙の論調を見ても、そのような切迫感はかなり強かった。だからこそ、秋入学についての報道も盛んになされたのだろう。その頃から、すでにもう10年近くが経とうとしている。この間の国際情勢の大きな変化や、ＩＴによるグローバル化の急速な展開を見ても、この時間差、つまり、この10年近くを緩やかな改革で対応しようとしてきたことへの「つけ」は、かなり深刻なものと受け取る必要がある。

２０２０年のウイルスの感染拡大をきっかけに浮上した9月入学論については、議論すべきタイミングが適切でないことは、確かである。ただ、タイミングがよくないと主張する以上は、平常時になれば忘れてしまうのではなく、提起された課題に引き続き取り組もうとする緊張感と覚悟を持つことが求められるだろう。議論のタイミングを、外圧ではなく自分たちで内発的に生み出さなければならないのである。東大の秋入学構想は、「ショック」を自らつくり出そうとした試みだった。ショックが多くの人たちに共有化されることで、改革への動きを一気に加速しようとする意図があった（第1章参照）。

この構想への取り組みの準備が学内の諸会議で動き始めた直後に、東日本大震災が発生する。それによって、秋入学は、まさにこのショック・ドクトリンに近いような事象として感じられることになったかもしれない。検討を開始した2011年の7月、秋入学構想が公になった時に見られた報道の熱気には、震災後の閉塞感を打ち破ろうとする社会心理的な背景もあったと思う。確かに、私自身も、秋入学への移行による新しい社会づくりに向けて、背中を押される感覚を持ったことを覚えている。もっとも、秋入学構想への取り組みは、それ以前から動きだしており、大学の入懇の中での検討も、そうした社会の大きな衝撃とは別なところで、きわめて実務的に、秋入学のメリットとデメリットの洗い出しなどが進められていた。私自身も、東日本大震災への学内での諸々の対応と被災地への支援に忙殺されており、正直なところ、しばらくは秋入学どころではなかったという記憶がある。

いずれにせよ、2020年の新型コロナウイルスの脅威の下で持ち上がった9月入学論が教えるのは、私たちが自分の手で「ショック」をつくり出さないと、外圧型ショックに伴うリスクを生じない形での大きな変化は生み出せないだろうということである。もっとも、そのように自らショックを生み出しうるだけの気力、体力は、いまの日本社会にどれだけ残っているのか、気にならないではない。少なくとも10年前と比べても、大学も、自身のイニシアティブで大きな改革の担い手となりうる基礎体力は弱まっているように感じる。昨今は、「コロナ後の社会」という未来像についても議論が盛んになってきている。しかし、まだ渦中のせいもあってか、議論の内容からは、あるべき社会をつくろうという能動的な意欲よりは、これからの社会がどうなるか予測しようという受け身の姿勢をむしろ感じる。「新しい生活様式」「新しい日常」といった言葉にしてもそうである。こうした時代にこそ、秋入学に限らず社会の根幹を見直す「ショック」を大学発で生み出すのは、その重要な社会的役割だと思う。

オンライン教育のインパクト

新型コロナウイルスのもたらしている脅威が今後、社会にいかなる影響を与えるのか、とりわけ大学への影響はどのようなものになるのか、その論点は少なからず、オンライン教育の可能性に集中している。教室やキャンパスで密状態であることの魅力が一挙にリスクに転換するなかで、授業が否応なくオンライン化されていくことによって、大学における教育の内容・手法や大学というシステムに、さらには大学という概念そのものに、どのような影響を与えていくのか、確かに興味深いものがある。

今回の事態によって、大学の授業は一気にオンライン化がすすめられた。文部科学省の調査によれば、緊急事態宣言の期間中（2020年5月20日時点）、全大学等の中で授業を実施しているものは80％、そのうち、全面的に遠隔授業によるものは90％、面接授業と併用するものは7％となっている。これも一種のショック・ドクトリンの現実例かもしれない。

講義のオンライン化については、以前から「遠隔授業」という言葉の下に、緩やかな取り組みが続けられてきていた。しかし、オンライン授業は生の授業には代替できないと考える教員も少なくなく、またオンライン化への差し迫った必要もなかったことから、遠隔授業は小規模なレベルに長くとどまっていた。そうしたなかで、新しいフェイズへの進展をもたらしたのが、東大では2013年から配信を始めた、MOOC（ムーク）と呼ばれる大規模公開オンライン講座である。そこでは教育に国境がなくなることへの夢が語られ、実際に東大が提供した授業も世界中で多くの人びとに聴講されるという成果を見たが、なお試験的な取り組みのままに推移していた。

今回の待ったなしの大規模なオンライン化の成果は、知識を伝える講義型の授業などはオンラインでも、学生がかなり満足できるレベルで可能であると分かったことだろう。東大生へのアンケート調査でもオンライン授業への評価は高い（東京大学新聞　2020年7月28日号）。とはいえ、こうした状態が長期にわたって続いたときの評価は別である。オンライン授業のさまざまな問題点を指摘する学生の声も広がっている（たとえば、朝日新聞　2020年8月5日朝刊）し、教員からもそうした声を聞く。問題は、キャンパスでの授業が再開されたときに、大規模なオンライン教育の経験をどう生かせるか、である。友人たちとのキャンパス生活や図書館の利用、実験実習の場などはもちろんとして、大教室での一方向的な授業にしても、すべてをオンラインに置き換えることはできない。知識のコミュニケーションにかかわる、教室という集団的な場で生み出される知的な緊張感、知的な一体感の空気は、やはり必要だと思う。一方向に見える授業の中でも、学生の反応に即応する教え方や話し方の工夫など、教員と学生の間に双方向的な契機はつねに存在している。

それでも、オンライン教育の活用の場は広がるだろう。対面を基本としつつも、ハイブリッド的な要素も効果的に取り入れた教育方法が展開されるキャンパス像が目に浮かんでくる。オンラインの利用がスムーズになれば、キャンパスでの授業は、反転授業のように、あらかじめオンラインで学んできた知識を前提にして、学生や教員が対面で双方向の議論をすることに、より集中できる可能性が生まれてくる。そうした場で知識を消化し発展させていく、そして、表現する力、聞く力、考える力をじっくり育てる余裕が生まれてくるだろう。秋入学構想から総合的な教育改革に至るなかで目指した目標の一つを支える環境が、思いがけず生み出されることにもなる。

東大での教育改革の議論の際には、日本の大学生一般の課題と同様、学生の自主的な学習時間の少なさもしばしば話題となったが、オンラインの講義を受講することが対面的な授業で議論を行う前提となれば、否応なく家などでの学習時間は増えるだろう。欧米の大学でしばしば見られるように、一通りの知識を学ぶのは予め自分でやってくる、キャンパスでは議論をして考えを深めていく、というモードに切り替わっていく。さらに、オンライン授業でリアルタイム型のほかにオンデマンド型のものも増えてくれれば、どこで学ぶか、いつ学ぶかという、学びの場や時間の自由度も大きくなる。ギャップタームほどではなくても、学生たちが自分の選択によって、学内外で成長の機会を見つける余裕も、いまより生まれてくるだろう。

また、オンラインというのは、ＭＯＯＣでも見られたように、仕組みとしては、大学が発信している授業を世界中で視聴できる可能性を生み出す。東大の秋入学構想の折に教育企画室長として教育改革にかかわり、歴史と現実の双方を知悉《ちしつ》した大学論を展開してきた吉見俊哉氏は、オンライン化で「世界各地の教室を横断的に結びつけた大学教育が、十分可能になっている」「大学教育の空間的な壁が消えていくと、今度は時間的な壁がせり上がってくる」「今後、オンラインの仕組みを用いて同程度の水準の大学間で教育の国際連携が進んでいくとしても、時間割や学事暦の共通化がなされていない限り、連携はさまざまな困難に直面する」と論ずる。その上で、「オンライン環境がグローバルに前提化し、国境を超えた高等教育のプログラムが拡大していく中で、この学事暦上のずれはいずれボディーブローのように効いて、日本の大学をグローバルな地平においてますます見え無くしていくかもしれない」と指摘する（吉見俊哉「ポストコロナの大学論・連載第1回・九月入学は危機打開への切り札か?」世界　2020年8月号)。

卓見であると思う。東大を含め、日本人学生を安定的に確保できる有力大学の教員たちは、こうした国際連携にはさほどの切実感は持たないかもしれない。そうしなくても、大学はやっていけると考える者も少なくないだろう。確かに、やってはいける。しかし、世界の多くの大学が、学事暦の共通性も生かして国境を超えた連携を拡大していけば、国内の若年人口の減少も相まって、日本の大学はグローバルな動きの中でさらに取り残され、存在感の希薄化に拍車がかかるだろう。オンライン化は、チャンスとともに、チャンスを活用しない者にリスクをもたらすのである。

オンライン教育の世界的な展開は、日本の大学で行われている教育の質への刺激も生み出すだろう。こうした変化が急激に起こるとは思わない。しかし、その変化の重要性に気付いた時には、もう周回遅れの状況になっている可能性は想定しておく必要がある。前述のように、これからの大学がオンライン教育一色になるとは考えられないし、そうなるべきでもない。しかし、オンライン教育の効果的な組み合わせを通じて、授業や学びのスタイルの変化、国内外の大学とのつながりの深まり、さらには社会人をはじめ年齢の別なく大学教育への門戸が広がり学生構成も変わる可能性など、まさしく「ボディーブロー」を受けるかのように大学の姿は変容していくことになるだろう。

発展途上モデルからの離別

秋入学構想が報道で広まった折に、それが大きな話題として扱われたのは、言うまでもなく、東大の社会的位置によるところが大きい。第1章で述べたように、東大だからこそ秋入学に取り組むべきだと思ったし、東大だからこそ、社会的な議論も深まり、また、さまざまな協力も得られたことは間違いない。

総長に就任した折に、「旗艦大学の自負」といった言葉を語ったことがある。東大は日本の大学のモデルとして先頭に立つ、同時に犠牲やコストも払っていく、それによって次の時代の大学の姿を創る役割を担っているという自負があった。秋入学構想もそうした思いで取り組んだが、いま改めて考えると、一つの突端の大学が突っ走って時代を切り拓いていくというやり方は、持続可能ではないという思いも持つ。中期的な視野で考えると、国立大学の範囲で見ても、さまざまな特性を持った大学が連峰のように、多様な存在感を示していくことが望ましい。

アメリカには、ハーバード大、イェール大、コロンビア大、スタンフォード大などいくつもの評価の高い大学があり、それぞれに特徴を持っている。イギリスでは、オックスフォード大、ケンブリッジ大のほかに、ロンドンなどにも優れた大学がある。ドイツでは、連邦制度もあずかって、全国にいくつもの歴史ある有力な大学がある。東大を頂点にピラミッド形に大学システムをイメージするというのは、日本ほどの規模の近代国家では異形だと考えた方がよい。日本には教育力でも研究力でも東大に匹敵する大学は、京大や東北大はじめ少なくない。にもかかわらず、東大がさまざまなモデルとされがちであることには、社会としての脆弱性、社会としての奥行の乏しさが気になる。

これまでの経緯というだけで、ピラミッド形のシステムを疑わないというのは、競争によってこそよりよいものが生み出される、という通念の時代には馴染まない。こうした構造が続いてきた背景には、歴史的な生い立ちから、あるいは高等教育投資の無難さや立身出世のシンボルという意味からしても、東大にそのような役割を果たさせることが効率的だし、人びとも何となく安心できるという、社会の暗黙の了解があったように感じる。ただ、いつまでも、こうしたいわば発展途上型、あるいはキャッチアップ型の時代の遺物である意識にとらわれるべきではないだろう。

秋入学の議論をしている時に、「右へ倣《なら》え避け多角的な検討を」と題した社説を掲載している新聞があった（河北新報　２０１２年1月24日朝刊）。「地方は地方の考え方を」と題する社説（岩手日報　２０１２年2月1日朝刊）もあった。一つの見識だと記憶している。他方で、「秋入学は東大でさえできなかったから、もう無理だ」ということでも、困るのである。秋入学にも、それぞれの大学が、その個性を生かせるように自分のイニシアティブで向き合っていけるような環境ができればよい。今日の大学改革は、「スーパーグローバル大学」や指定国立大学法人への重点支援など、大学の個性・特色を踏まえた機能別分化を促進しようとしているが、そうした文脈からも、大学の自主的な秋入学移行のための環境整備を政府にも期待したい。

いま思えば、高度経済成長が一段落して日本の国力に余裕があり勢いが持続している時期に、思い切った大学の再編成をしていれば、連峰型の大学システムが生まれ、社会の意識も、受験競争の姿も、さらには教育のあり方も変わっていたかもしれない。大学間の相互乗り入れを組織化する、大学間で教員をリシャッフル（入れ替え）する、学生数を調整しあう、さらには大学を分割したり統合したりすることも、理想論としてはありえたと思う。ただ、それらを行うことには当然に各大学から強い反対が出るだろうし、テーマのあまりの大きさに、なかなかこうした構想は育ちにくかったのだろう。そうしたことが出来ないままに国の財政的な体力がなくなってくると、弱いところへの支援は手薄になり東大など限られた大学に集中的に資源を投入するしかないという、いわば先祖返りのようなことになりかねない。ある水準まではこれまでの発展途上型のモデルで世界の大学についてきたけれども、伸びしろは見出しにくく、いまは天井にぶつかりつつあるという危惧を持つ。

緩やかな変化の道筋としては、たとえばオンラインによる講義の活用で、すぐに国境を超えることはできなくても、大学間を超えることはできるだろう。ＭＯＯＣが登場した時には、アメリカの有名大学の教員による講義に受講者が集中して囲い込まれ、多くの大学が不要になるのではないかという極端な危惧も語られたが、大学はオンラインだけで完結するわけでもなく、現実にそうした現象は起こっていない。

あるいは、ヨーロッパのエラスムス計画（EU加盟国間の学生流動を高めようとする計画）に端を発する、学生や教員の国際間の流動化のプロジェクトの国内版を構想してみることも出来るだろう。流動性は、学生たちが異なった学びの文化をも経験することで、ギャップタームと似たような効果も生み出すことを可能にする。こうしたことが出来るかどうかは、大学にかかわる者の決意次第で、踏み出す条件はすでに存在している。そうした環境が出来れば、教育の質が大学の枠を超えた比較のなかでさらに洗練され、同じ分野の授業であってもそれぞれに多様な魅力を持ってくるだろう。

高卒の時点で、ある大学に入学したことだけが人生における個人の能力を示すものではなく、生涯を通じ、多様な学びをどれだけ、どのように行ったのかが評価されるような仕組みに移行していけば、受験競争にかかわる点数や偏差値の意味合いは、相対的に低下していくことも期待される。先にも触れたように、東大で総合的な教育改革をすすめるなかで心に引っかかっていたのは、点数至上に偏向しがちな学生の意識を是正しようと教育上の工夫をすすめることは当然として、そもそも、そうした意識を生み出している制度的な仕組みについて取り組みをしないのは、おかしいのではないか、という思いだった。

学内的な課題については、教養の前期課程から専門の後期課程にすすむ際の進学選択方式の改善によって、ある程度の対応がなされたが、さらに根本的な、大学進学にあたっての点数ないし偏差値至上の偏りへの対処は、大学だけでなく社会全体として取り組まなければ解決を見出せない課題である。それは、小細工的な工夫では決して対処できない。目下、大学入試など高大接続の改革の行方は混沌《こんとん》とした様相を呈しているが、これも現在の過密な入試日程を前提にした技術的対応の限界を示している。かつて国立大学協会が示唆したように、学事暦が「高等学校、大学等における教育課程に圧力を加えていること」（国立大学協会「『平成22年度以降の国立大学の入学者選抜制度――国立大学の基本方針――』について」２００７年11月）を真剣に直視し、９月入学の可能性も包含するような思い切った構想で向き合わないと、混乱が繰り返されるなかで本当の改革のための体力は失われていくだけだろう。

真の教養と批判精神

新型コロナウイルスの感染拡大がもたらしつつある大学への影響で、オンライン教育の可能性とともに感じられるのは、人文社会科学の役割の増大への予兆である。ウイルスそのものへの対処については、医学の役割が決定的であることは言うまでもない。あるいは、リモートでの仕事や学び、さらには生活一般を支える情報通信技術やAI開発にかかわる理工学への期待も大きい。同時に、「新しい生活様式」「新しい日常」といった言葉になかなか内実が伴ってこないなかで、これからの社会を具体的にどのようにイメージしていくかについては、新しい価値の創造や選択、非連続的な変化に応じた社会の仕組みの組み換えや意識の転換などへのかかわりを得意技とする、人文社会科学の大きな出番になると考えている。惨事は変化を加速するという一般論については先に触れたが、加速する前に惨事は、取り組むべき課題を増幅して私たちの前に見せてくれる。新型コロナ禍の中で目の前に見えてきているのは、政治面から経済面にわたる国際的な協調の動揺であり、国内統治の根幹の構造に対する不安であり、私たちの日々の働き方や学び方の見直しであり、あるいは、すでに存在している格差や差別の増幅である。いずれも、人文社会科学が取り組むべき重要なテーマである。

こうした流れを、しばしば安直に用いられる言葉である、「課題解決」といった直線的な発想の枠を超えて、大学としてどのように受け止めうるかによって、その社会的な存在価値が問われていく時代になるだろう。そこで求められるのは、物事への対処方法が、これまでの延長線上で当たり前に続いていくわけではないという問題認識である。秋入学構想も、いまある仕組みや価値を疑うということが、発想の原点だった。その意義を教員たちに理解してもらえるように、現状に対する批判精神を持つというのは、大学で学問をするときの当たり前の作法ではないか、と述べたこともある。批判精神というのは、何が何でも対象を否定するということではない。対象がいまある姿に対して疑いを持ち、分析的に考えるということである。その結果として、対象を否定することもあれば、対象から学ぶことも当然にあるだろう。

さらに、批判精神というのは、自分自身に対しても向けられるべきものである。社会の事象について自由に批判するというのは、普通の人びととの立場ではしばしば難しいことであり、福沢諭吉の言葉を借りれば、大学人が果たすべき「奴雁《どがん》」（夜、砂州で休む雁の群れを危険から見守っている、見張役の雁）の役割は大切である。ただ、同時に大切なのは、自らをも批判する、自らをも見直してみるということである。学問に携わるにあたっても、自分の論理や考え方を絶対視する、自分の知的世界を完結的なものととらえてしまうことからは、意味のある進歩は生まれてこない。自分自身をも批判的に見つめて相対化することから、新しい知見や発想を生み出し、成長することができる。

このテーマは、教養とは何か、という問いかけにかかわっている。東大は、とくに教養というものに強いこだわりを見せてきた大学である。1991年の大学設置基準の大綱化を受けた全国的な教養組織の廃止の流れにもかかわらず教養学部を存置し、大学教育の基盤に置いてきた。もっとも、教養の概念は多義的であるし、またそれぞれの義は必ずしも相互に排他的ではない。きわめて実際的な解釈では、狭い専門分野に入っていくための前提として幅広い学びをまずしておくのが、教養の意義ということになる。

ただ、もう少し理念的な解釈となると、終戦直後に東大総長を務めた南原繁氏が入学式の式辞で述べているように、「教養とは、結局、われわれが自主的に価値を選別し、真理と自由と思惟するところを、社会と同胞との間に実現する能力と勇気を具《そな》へた社会的人間の養成といふことに外ならない。そして、それを可能ならしめる根拠は、あくまで人間の自由の自覚と精神の自律である」（1951〈昭和26〉年入学式式辞）ということになる。ここでは、おそらくはドイツ啓蒙主義思想の影響のもとに、教養と人格の陶冶《とうや》が深く結びつけられている。

ここに触れられている自由という要素を、教養という言葉のいま一つの思想的なルーツとなるリベラルアーツの観念と関連させながら論じているのが、かつて東大の教養学部長も務めた、石井洋二郎氏の次のような説明である。

ポイントを手短に示すためにいささか断片的な引用となるが、すなわち、リベラルアーツというのは、「人間を種々の拘束や強制から解き放って自由にするための知識や技能を指す言葉だった」「普段はあまり意識しなくても、私たちはさまざまな条件によって限界づけられている」「種々の制約によって私たちの人間関係や社会活動は否応なく限定されている。言ってみれば、私たちはみな有限であるがゆえに、何重もの不自由さに囲い込まれた存在なのである」「だからそうした不自由さから自らを解き放つために(言葉本来の意味において「リベラル」になるために)、私たちは未知の外国語を学んだり、異なる分野の学問を勉強したりしなければならない。そうすることではじめて、人は自分と違った環境で生きる人々とコミュニケーションをとり、それまで知らなかった価値観に触れることができる。そしてそれは必然的に、広い見取り図の中で自らを相対化し、他者への敬意と謙虚さをはぐくむことにもつながるはずだ」(東京大学教養学部報561号　2013年)、というわけである。

この考え方に共感をもって、私も2013年度の学位記授与式の告辞の中で紹介したこともある。ここで、「不自由さから自らを解き放つ」ためにさまざまな分野の学問を学ぶときの姿勢として求められるのが、批判精神ということであると思う。すなわち、学びの対象に批判的に向き合うことに始まり、学びを通じて、自分を取り囲む環境に批判の目を向け、さらには自らの存在そのものをも批判の対象とする、という姿勢である。それによって、これまでの「拘束や強制から解き放」たれて、知的な成長、人間的な成長が生まれてくる。自由を生み出す媒介となるのが、批判という行為である。

いまは、そのあり方がさまざまに問われる場面の多い、大学にとっては困難な時代である。経営のための財源も厳しさを増すなかで、ひょっとして大学は存在し続けること、拡大し続けること、予算を増やすことが自己目的となり、その本来的な存在理由を見失いがちになるかもしれない。しかし、こうした批判精神が根づいていればこそ、大学の教員も学生も、その社会的役割を果たし続けることができるはずだ。そこから、秋入学構想といったものが直ちに出てくるかどうかは分からない。しかし、少なくとも、こうした批判精神がないところには、秋入学という、大学のみならず社会のいまのあり方を問い直して改革を目指す発想や取り組みが、内発的に生まれてくることはないだろう。大学の本質であるべき批判精神、それを育む真の教養教育というものに改めて向き合う姿勢が、これまでの社会システムや私たちの生き方、価値の優先順位などに大きく見直しを迫られるであろうポストコロナの時代に、若い人たちを育てていくための要諦となると、私は考えている。

2013年(平成25年)	
1月	総長メッセージ「『総合的な教育改革』の重要な段階を迎えて」
3月	平成28年度入試から推薦入試の導入を発表
3月	「学部教育検討特別委員会答申書——総合的な学部教育改革の可能性と展望——」(総合文化研究科「学部教育検討特別委員会」)
4月	初年次長期自主活動プログラム(FLY Program)開始
4月	トライリンガルプログラム(TLP)開始
6月	基本検より「学部教育の総合的改革について——ワールドクラスの大学教育の実現のために——」答申
6月	総長所信「入学時期等の教育基本問題に関する検討会議を受けて——東京大学の学部教育の歴史的な改革に向けて——」
7月	「学部教育の総合的改革に関する実施方針」決定(役員会)
7月	臨時教育改革本部設置
11月	教育改革関連諸WGを設置(前期課程・後期課程の全体設計WG,進学振分け改革WG、後期教養教育・初年次教育・Early Exposure WG、学事暦移行WGなど)
2014年(平成26年)	
2月	「4ターム制の実施方針」を決定
4月	グローバル・リーダー育成プログラム(GLP)を開始
4月	学部後期課程共通の成績評価基準を導入
10月	進学選択詳細設計WGを設置
2015年(平成27年)	
3月	濱田純一総長退任
4月	五神真総長就任
4月	4ターム制開始
4月	学部前期課程の新カリキュラム(初年次ゼミナール等)を開始
11月	推薦入試の出願受付開始
2016年(平成28年)	
2月	「学部教育の総合的改革に関する実施方針の成果——学部教育改革を着実に推進するために——」とりまとめ(学部教育改革臨時委員会)
2月	平成28年度推薦入試合格者決定
3月	教育改革臨時委員会の廃止等、実施方針に基づく臨時体制を解消

年表作成にあたっては、手元の記録のほか、「学部教育の総合的改革に関する実施方針の成果——学部教育改革を着実に推進するために——」 https://www.u-tokyo.ac.jp/content/400039104.pdfに〈参考〉として付された「学部教育の総合的改革に関する主な経過」等を参照した

東大秋入学構想検討年表

2009年(平成21年)	
4月	濱田純一総長就任
4月	学部入学式式辞(テーマは、「タフな東大生」)
2010年(平成22年)	
4月	学部入学式式辞(テーマは、「国境なき東大生」)
7〜8月	全学的な教育課題の調査を実施(教育企画室)
9月	総長から秋入学関連資料の収集指示
12月	秋入学について役員間の意見交換開始
2011年(平成23年)	
3月	入学時期の検討を行う懇談会の設置方針を役員懇談会で審議
3月	新年度以降の取り組みの一つとして、入学時期の在り方の検討に着手する方針を、科所長会議で説明
4月	総長の私的諮問機関として、「入学時期の在り方に関する懇談会」(入懇)発足
7月	東大秋入学に移行の検討開始について新聞報道
12月	入懇の「中間まとめ」とりまとめ
2012年(平成24年)	
1月	入懇の「中間まとめ」の公表、学内意見募集
3月	国家戦略担当大臣に対し、総長名の要望「秋入学に関する東京大学の検討状況及び政府支援について」提出
3月	「教育の国際化ならびに入学時期の検討に係わる意見書」(総合文化研究科「入学時期検討特別委員会」)
3月	入懇より「将来の入学時期の在り方について——よりグローバルに、よりタフに——」報告
4月	総長所信「改めて総合的な教育改革の推進に向けて——学部教育について——」
5月	役員会の下に、「入学時期等の教育基本問題に関する検討会議」(基本検)発足
5月	教育改革推進懇話会(GLU12)の設置
6月	体験活動プログラム開始
6月	基本検の部会の発足(企画調整部会、資格制度作業部会、ギャップターム作業部会、学事業務見直し作業部会)
9月	総長声明「総合的な教育改革の加速に向けて」
9月	学社連携ギャップターム研究会の発足
10月	PEAK(Programs in English at Komaba)学生受け入れ開始

あとがき

本書における記述にあたっては、朝日新聞 EduA のウェッブ版で6回（2020年6～7月）にわたり連載した「緊急連載 濱田純一・東大前総長が語る『9月入学論』」（聞き手・中村正史氏）のほか、以前に刊行した私の著作である、『東京大学 知の森が動く』（東京大学出版会 2011年）及び『東京大学 世界の知の拠点へ』（東京大学出版会 2014年）から文章を利用している箇所がある。本書で述べている私の考え方の原点は、この二つの著作に表れているので、ご関心があれば併せてご覧いただければ幸いである。

本書中で引用しているデータ類は、テーマの性格上、私の総長在任中に東大で秋入学への取り組みをすすめた当時のものが多くなっている。また、しばしばアンケート調査の数値を引用しているが、世論調査は本来、細かな手法の確認や複数の調査結果の利用によって厳密な取り扱いがなされるべきものである。ただ、ここでは、おおむねの傾向を示す参考値という程度で用いており、読みやすさを考慮して、％の数値の小数点以下は四捨五入している。ご了解いただければと思う。

本書がなるについては、朝日新聞出版の田島正夫氏、宇都宮健太朗氏に大変お世話になった。心よりお礼を申し上げたいと思う。また、朝日新聞EduAに連載したインタビュー企画などを通じて、本書を執筆するきっかけをつくり、絶えず励ましをいただいた中村正史氏には、深く感謝を申し上げたい。

2020年9月1日

濱田純一

資料集

その1

「入学時期の在り方に関する懇談会」報告（「将来の入学時期の在り方について――よりグローバルに、よりタフに――」）　2012年3月29日

報告のポイント／全文は、https://www.u-tokyo.ac.jp/content/400004431.pdf に掲載

1．大学教育の国際化の必要性

社会・経済のグローバル化が急速に進む中、人材育成への社会的要請、国際的な大学間競争に対応するため、大学教育の国際化を進めることが急務。本学のミッション、教育理念の実現のためにも、とりわけ学生の流動性を高め、多様性に富んだ「グローバル・キャンパス」を実現することが必須。

2．4月入学を前提とする学事暦の問題点

本学の日本人学生の海外留学、留学生受入れは、特に学部段階で低調であり、海外有力大学

と比べて遜色がある。秋季入学が国際標準となっている中、4月入学を前提とする現行の学事暦は、教育の国際化を進める上での制約要因。また、学期の途中に休業期間が位置づけられることに伴う教育の効率性をめぐる問題が存在。

3. 高大接続をめぐる問題点

受験準備の受動的な学びから、大学での主体的・能動的な学びへの転換のため、インパクトのある体験を付与することが有意義。高等学校の卒業時期と大学の入学時期とが隙間なく接続するシステムは、こうした転換を実現する上で、必ずしも適さない。

4. 学習体験を豊かにする柔軟な教育システムの実現

以上のような課題意識を踏まえ、「よりグローバルに、よりタフに」学生を育成するため、思い切った教育改革を実行することが必要。全員に国際的な学習体験を積ませるなど、新たな達成目標の下、多様な体験・個性を尊重する考え方に立って、将来の教育システムを構想することが適当。

①学部段階の秋季入学への移行

春季入学を廃止し、秋季入学の二学期制へ移行(例えば、9月入学として夏季休業期間を

6〜8月に設定する等）（※ただし、大学院段階については、引き続き要検討）。

②ギャップタームの導入

4月から約半年のギャップタームを設定し、学びの姿勢の転換のため、研究の現場に接する体験活動、海外での学習活動、社会貢献活動、勤労体験活動などを促進。体験活動を支援する仕組みを形成。

③優秀な学生への対応

個に応じて学修年数の多様化を図る観点から、早期卒業制度の導入など、大学院教育への早期のアクセスを可能化。

5．総合的な教育改革の推進に向けた検討

秋季入学への移行等は、本学の教育理念の実現に向けた十分条件ではなく、国際化の推進（留学生の増加、英語による授業や外国人教員の増加、語学力の強化、国際的な質保証の要請への対応など）、入試・進学振分けの見直し、きめ細やかな経済的支援などについて、中長期的な観点に立った検討を進めていくことが必要。

6．学外との幅広い連携・協力に向けた検討本学における秋季入学への移行が所期の成果を達成するためには、学外からの幅広い理解・協力を得ることが大切であり、そのための環境づくりを検討することが必要。
（他大学）体験活動の推進に向けたコンソーシアムの形成、社会・政府への働きかけなど
（社会）企業における採用時期に関する柔軟な対応、留学等の体験への適切な評価、体験活動への支援など
（政府）各種制度に関する弾力的な対応、大学改革に対する公的投資の拡充など

その2

「入学時期等の教育基本問題に関する検討会議」答申（「学部教育の総合的改革について――ワールドクラスの大学教育の実現のために――」）　２０１３年６月13日

要約／全文は、https://www.u-tokyo.ac.jp/content/400004443.pdf に掲載

はじめに

入学時期等の教育基本問題に関する検討会議（以下「基本検」という。）は、役員会の下、平成24年４月に設置された。同年９月に基本検企画調整部会からの中間報告を学内議論に付す

など、学内からの多様な意見を踏まえて論点整理を進め、平成25年2月28日に「学部教育の総合的改革について――ワールドクラスの大学教育の実現のために――」（審議経過報告）を役員会に提出した。審議経過報告は、同年3月に構成員に向けて公表され、各部局における活発な議論を経て、4月にはそれぞれからの意見が示された。今般、基本検は、これらの多様な意見を踏まえて審議経過報告の見直しを行い、学部教育を中心とする総合的な改革の方針について提言をとりまとめ、答申として役員会に提出するものである。

第1　改革に当たっての基本認識と経緯

平成15年3月に策定された東京大学憲章では「世界に開かれた大学として、世界の諸地域から学生および教員を迎え入れるとともに、東京大学の学生および教員を世界に送り出し、教育における国際的ネットワークを構築する」ことが謳われた。以来、「世界的視野をもった市民的エリート」の育成に向け、構成員からの幅広い意見募集や種々の実態調査によるデータなどに基づいて、本学は「行動シナリオ」（平成22年3月）、「国際化推進長期構想（提言）」（平成22年3月）を策定してきた。「海外体験・異文化体験を通じ、コミュニケーション能力や行動力を身につけさせる」、「多様な学生構成の実現により、相互に切磋琢磨する教育環境をつくる」など、これらに掲げられた目標の実現、課題の解決に向け、構成員が力を合わせ、知恵を絞り、汗を流していくことが必要である。

第２　これからの学部教育と総合的改革の在り方

(1)　本学の教育をめぐる現状・課題

本答申では、学生、教育システム、教員それぞれの課題を列挙した。学生が受動的・点数至上主義的に学習に取り組む現状から、学生自らが学ぶ道を見定め、主体的・能動的に学習に取り組む学部教育への改革が求められる。また、海外の諸大学における学生の国際交流や短期留学の実態を踏まえれば、学部段階での対応の遅れはデータ上も顕著で、危惧の念を禁じ得ない。学部教育を取り巻く課題や、国際的な体験を含む多様な学習経験の不足を放置するならば、国際的な大学間競争と大学間教育連携の中で、東京大学憲章の旨とするワールドクラスの大学としての地位を確保することはできない。学部入学後から学びへの強い動機を継続的に維持し、学部卒業の時点までに高い語学力や高次の「グローバル教養」を身に付け、地球規模での思考と交流ができる能力の構築を図らねば、最優秀の学生が学部に集まり大学院へ進学するという構図が崩れていく可能性が高い。

(2)　改革の理念・原則

東京大学憲章などに掲げられた基本理念のよりよき実現のため、学部教育の総合的改革に当たって、「育成する能力・人材」〈(A) 揺るぎない基礎学力、先端的知への好奇心、(B) 公共的な責任感、巨視的な判断力、(C) 異なる文化や価値観の理解・尊重、(D) 課題の発見・挑戦的体験への積極的姿勢、(E) グローバルな思考と行動力〉とそのために必要な「総合的改革の原則・方向性」〈(Ⅰ) 学びの質の向上・量の確保、(Ⅱ) 主体的な学びの促進、(Ⅲ) 流動性の向上と学習機会の多様化、(Ⅳ) 学士課程としての一体性の強化、(Ⅴ) 教育制度の大枠の改善〉を提起する (本文図参照)。これらは「タフな東大生」の備えるべき基本要件であり、国境にとらわれずボーダーレスで複眼的な思考を鍛えるような学習体験をはじめとする教育のグローバル化は、「タフな東大生」を育成する必須の手段である。様々な困難に直面しながらも公共的な責任を考え主体的に活動していくため、高度な知識の習得のみならず、その知識を活用していくことが求められる。今般の教育改革に当たっては、これらの能力を発揮させる志を学生にもたせるために、明確な目的意識をもって知識の習得に努力し続ける態度を身に付けさせること、主体的な学びの動機付けを行うことが極めて重要となる。本答申に示す原則・方向性に則った教育改革を展開することにより、本学は真にワールドクラスの大学として存立し、社会からの負託に応えることが可能になる。

第3　諸課題への取組

(1) 総合的な取組の方針

現行の教育体制については、「現状の教育体制の諸課題」が妨げになり、本学のディプロマ・ポリシー(「育成する能力・人材」に対応)を十分に実現しえているとは言いがたい。こうした認識に立って、基本検は、「教育内容・方法に関する事項」及び「教育制度の大枠の改善」(それぞれ「総合的改革の原則・方向性」のⅠ~Ⅳ及びⅤに対応)からなるアクションリストを作成した。アクションリストは、現行の第2期中期目標・計画の期間(平成22~27年度)において実施すべき取組を掲げている。本答申の掲げる改革の理念・原則に基づく改革を推進するためには、このアクションリストに掲げる取組を参照していくことが欠かせない。

(2) 学事暦の見直し

現行の学事暦を国際標準に整合させることは、本学学生の海外への送り出しや海外学生の受け入れを容易にし、その機会を増すことにつながる。多様な学習環境や学習体験を通して得られる自己の相対化、「主体性」や「能動性」、巨視的でグローバルな思考は、本学のディプロマ・ポリシーの実現に大きく寄与するものである。基本検は、入学時期の見直しに相応の時間を要するため、可能なところから改革を実行していく観点から、「当面の学事暦の見直しに係る方針」をまとめた。この方針では、学生の主体性を尊重した教育活動を展開し、国際的な流動性を高めること等を基本的な観点とすること、各部局の実情を踏まえ、見直しの実施時期・

形態について一定の自由度を許容すること等の考え方を示した。また、この方針では、望ましい学事暦が具備すべき要素として、4ターム制による授業運用を積極的に導入すること等を挙げた。さらに、答申本文の別紙（省略）では、具体的な見直しの指針として、企画調整部会における検討の成果（「学部教育の総合的改革における学事暦の在り方」）が掲げられ、「4ターム＋S」型及び「4ターム」型の2つが提案されている。このうち、「4ターム＋S」型は、国際流動性が比較的高いが、その採用の見通しは、入試運営体制や非常勤講師の確保などをめぐる諸課題を乗り越えることの成否に依存している。さしあたり、現行の中期目標・計画期間においては、本節に掲げる方針に基づき、先導的な部局を中心として学事暦の見直しを漸次実行していくことが適当である。

秋季入学については、学部・大学院の関係コースなどの拡充を図りつつ、環境整備に向けた社会への働きかけ、他大学との連携協力を強化していくことが重要である。そうした取組の成果を踏まえ、第3期中期目標・計画の期間（平成28〜33年度）において、秋季入学の更なる推進に向けて必要な措置をとることが妥当である。

第4　今後の改革の実行に向けて

(1)　教育改革に向けた全学体制の構築

アクションリストの取組の中で、全学共通の対応を要する事項、あるいは前期課程・後期課程のタテの関係、教育単位間のヨコの関係を踏まえて全学レベルでの調整を要する事項については、それらを円滑に推進するための部局の枠を超えた新たな改革実施体制が求められる。その際に、総合的な教育改革としての一体性・整合性を確保しつつ、種々の取組を効率良く果断に進めるためには、教育改革及び教育活動の運営に関わる既存の全学組織や本部組織を見直し、再編・整備することが望ましい。そうした考え方に立って、「全学体制によって検討・実施すべき課題」として、6項目（①学士課程を通じたカリキュラムなどの再構築、②初年次教育の充実・強化、③進学振分け方式の見直し、④入試運営・実施体制の見直し、⑤学部教育と大学院教育との接続・連携の強化、⑥諸改革と同期・協調した学事暦の実施設計）を挙げる。

(2)　部局における取組

本答申の提言する改革を推進するためには、アクションリストに掲げられた取組を参照して、各部局がそれぞれの改革課題を設定し、取組のより具体的な内容と実施に至るロードマップを含んだ「部局別改革プラン」を策定・実施することが適当である。

(3)　総合的な教育改革に係るリソース

教育改革には、学問の府として信ずべき理念と明確な目的が必須であると同時に、実体を備えた組織としてそれらを実行可能とする資源的な裏付けも欠くべからざる要素である。組織として取り組むべき重要な課題として、総合的な教育改革を推進するための資源の確保と戦略的な配分を掲げる。

(4) 結び

社会全般のグローバル化の加速化と大学に対する社会的要請の高まりを踏まえるならば、本学はその主体性を維持しつつも、相応のスピード感をもって教育改革を推し進めていく必要がある。役員会に対しては、基本検からの提言に基づく改革を迅速かつ確実に実施していくことを強く求めたい。

その3

学部教育の総合的改革に関する実施方針(役員会議決) 2013年7月25日

1 アクションリストの実施

入学時期等の教育基本問題に関する検討会議答申「学部教育の総合的改革について」(平成25年6月13日)を踏まえ、現行の第2期中期目標・計画期間(平成27年度末まで)に「学部教育の総合的改革に係るアクションリスト」(別紙1)の掲げる諸事項を実施する。

2　学事暦の見直し

「当面の学事暦の見直しに係る方針」（別紙2）に基づき、国際流動性の向上等の観点から、第2期中期目標・計画期間中に授業期間の4ターム制を全学部で導入し、学部の秋季入学コースの拡充を図りつつ、秋季入学の環境整備に向けた社会への働きかけ及び他大学との連携協力を強化する。これらの取組の成果を踏まえ、第3期中期目標・計画期間（平成28〜33年度）に秋季入学の拡充と推進に向けた必要な措置をとる。

3　改革の実施体制

教育活動の運営に関わる既存の全学的組織の見直しを図りつつ、改革の実施のための全学体制を構築する。各教育研究部局は「学部教育の総合的改革に係るアクションリスト」に則って、「部局別改革プラン」を策定・実施する。本部は、全学的な観点に立って改革のための資源を確保し、各部局の改革の進捗状況を評価の上、戦略的な資源配分を行う。

4　中期計画の扱い

前各項の実施に向け、必要に応じ、第2期中期計画の変更に係る所要の手続きをとる。また、本実施方針の検証・見直しを適時に行い、その結果を第3期中期計画の策定作業に反映させる。

（別紙1）

学部教育の総合的改革に係るアクションリスト―ワールドクラスの大学教育の実現に向け、今取り組むべきこと―

Ⅰ　学びの質の向上・量の確保

- 学生をしっかりと学ばせる仕組みの確立（学習総量の確保、成績評価の厳格化、GPA活用による学習支援、キャップ制の導入、週複数回授業の普及など）
- 教育方法の改善に対応するFD活動の推進（TA制度の改善、「フューチャー・ファカルティ・プログラム（FFP）」の確立を含む）
- 学びの質を向上し、量を確保する観点からの学事暦の見直し（4ターム化に伴う授業形態の変更など）

Ⅱ　主体的な学びの促進

- 点数至上の価値観のリセットを目指した全学的な導入教育の強化
- 「教え授ける」（ティーチング）から「自ら学ばせる」（ラーニング）への転換を目指した授業の改善（少人数チュートリアル授業の導入、アクティブラーニングの普及など）
- 学生の主体的な履修を支えるカリキュラムの柔軟化（進学・卒業の要件の見直しを含む）

・習熟度別授業など能力・適性に応じた教育の普及・展開（科目ナンバリング制の導入を含む）
・eラーニングの積極的な活用による教育方法の改善

Ⅲ　流動性の向上と学習機会の多様化

・多様性に富む学習環境をつくる「グローバル・キャンパス」の実現（英語による授業、外国人教員、ＰＥＡＫ・ＡＩＫＯＭ等の国際プログラムや全学交換留学制度の拡充など）
・高度なトライリンガル人材を育成する「グローバルリーダー育成プログラム（ＧＬＰ）」の構築と展開
・サービスラーニングの導入、ならびに「初年次長期自主活動プログラム（ＦＬＹ）」の定着とその成果の普及（学士課程全体を通じた特別休学制度の活用の検討を含む）
・サマープログラムの開発等による多様な学習体験の機会の飛躍的な拡充
・海外大学等との互換性、学生・教員の国際流動性を高める観点からの学事暦の見直し（タームの分割、夏季休業の拡大など）

Ⅳ　学士課程としての一体性の強化

・大学での学びを俯瞰する全学的な導入教育の強化
・学士課程の一貫性の観点に立ったカリキュラムの順次性・体系性の見直し
・評価尺度の多元化の観点に立った後期課程進学制度の構築

・全学に開放された共通授業科目制度、部局横断型教育プログラムの普及と展開
Ⅴ　教育制度の大枠の改善
・多様な学生構成の実現と学部教育の活性化を目指した推薦入試の導入
・社会の変化を踏まえた入学定員の適正な規模・構成の提示（所要の組織体制の見直しを含む）
・ＰＥＡＫの充実を図りつつ、秋季入学の環境整備に向けた社会への働きかけ、他大学との連携協力の強化
・学部・大学院の一貫的な教育プログラムの研究開発、ならびに優秀な学部学生が大学院レベルの学習にアクセスする機会の拡大（早期卒業制度の導入、科目履修の弾力化など）

（別紙2）

当面の学事暦の見直しに係る方針

1　学事暦見直しの基本的な考え方

(1)　学びの質の向上・量の確保に寄与するとともに、学生の主体性を尊重した教育活動を展開し、国際的な流動性を高めることに資することを基本的な観点として見直しを行う。学士課

程全体を通じ、学生の科目履修や自主的な学習体験の活動を柔軟に行い得るようにする（個に応じた学事暦のデザイン）。

(2) 各学部・研究科間の共通性に留意しつつ、それぞれの実情を踏まえ、実施時期・形態について一定の自由度を許容する枠組みとする。

(3) 学士課程教育の一貫性を高め、総合的な教育改革の取組に資するものとなるよう留意して設計する（特に、各部局のカリキュラム改革や進学振分け制度の見直しと整合し、それらを促進する基盤となるようにする）。

2 望ましい学事暦が具備すべき要素

(1) 点数至上の価値観をリセットし、主体的な学習態度への転換を図るため、4月の入学から最初の学期を導入教育の重点期間として位置付け、その特質を踏まえた教育課程を編成する（全学的な参画・協力による導入教育の強化）。

(2) 国内大学との関係をも踏まえ、学年は4月から翌年3月末までとする。その枠組みの下、4ターム制による授業運用を積極的に導入し、短期留学の機会の拡大や授業方法の改善・転換（週複数回授業や双方向型の授業の普及など）を併せて進める。

(3) 学生の科目履修や教員の科目担当に柔軟性をもたせ、教育分野や学生の実情に応じ、夏季休業期間の選択的拡大及び有効活用を可能とする（6～8月におけるサマースクールを通じた国際的な学習体験などの豊富化、教員の研究活動の活性化など)。

※このほかの主要な資料については、濱田純一『東京大学　世界の知の拠点へ』(東京大学出版会　2014年)の巻末に、資料解題とともに掲載されている。また、東京大学のサイトhttps://www.u-tokyo.ac.jp/ja/about/president/education-reform.html「学部教育の総合的改革」にも、秋入学構想から総合的な教育改革に至る間の、数多くの資料が整理されて掲載されている。「学部教育の総合的改革に関する実施方針」に基づく取り組みについて、総長交代後の2016年2月に改革実施のための臨時体制を解消するにあたり、取り組みのさらなる定着化に資するため、これまでの成果について総括した、「学部教育の総合的改革に関する実施方針の成果——学部教育改革を着実に推進するために——」(学部教育改革臨時委員会)も、ここに掲載されている。

※東京大学憲章については、https://www.u-tokyo.ac.jp/ja/about/overview/b04.htmlに掲載されている。

※2020年の9月入学論議を受けて、文部科学省のサイト「秋季入学に関する検討について」https://www.mext.go.jp/a_menu/shukinyugaku/index.htmlが設けられ、今後の検討のために有益な資料が数多く掲載されている。

濱田純一（はまだ　じゅんいち）
1950年、兵庫県生まれ。東京大学名誉教授。放送文化基金、放送倫理・番組向上機構（BPO）、映画倫理機構、あかしこども財団などの理事長を務める。東京大学法学部卒、東京大学社会情報研究所長、大学院情報学環長などを経て、国立大学法人東京大学総長（第29代・2009年4月～15年3月）は、初の戦後生まれ総長。在任中の2011年から東大秋入学に取り組んだ。著書に『メディアの法理』（日本評論社）、『情報法』（有斐閣）、『東京大学　知の森が動く』『東京大学　世界の知の拠点へ』（東京大学出版会）など。専門はメディア法、情報法、情報政策。法学博士。

東大《とうだい》はなぜ秋入学《あきにゅうがく》を目指《めざ》したか

2020年９月30日　第１刷発行

著　　者　濱田純一
発 行 者　三宮博信
発 行 所　朝日新聞出版
〒104-8011　東京都中央区築地５－３－２
電話　03-5541-8832（編集）
03-5540-7793（販売）

印刷製本　広研印刷株式会社

ISBN978-4-02-251718-0
定価はカバーに表示してあります。